Chiara Butendeich

Tarot & Grüne Magie

Chiara Butendeich

Tarot & Grüne Magie

Werde eine Green Witch mit Tarotkarten

KÖNIGSFURT URANIA

Die in diesem Buch enthaltenen Informationen und Ratschläge wurden von der Autorin sorgfältig recherchiert und geprüft. Eine Garantie kann dennoch nicht übernommen werden. Die Informationen und Ratschläge sind außerdem nicht dazu gedacht, die Beratung durch einen Arzt oder Therapeuten zu ersetzen, sofern eine solche angezeigt ist. Eine Haftung der Autorin oder des Verlags ist ausgeschlossen.

Bibliographische Information der Deutschen Nationalbibliothek
Die Deutsche Nationalbibliothek verzeichnet diese Publikation in der Deutschen Nationalbibliographie; detaillierte bibliographische Daten sind im Internet über http://dnb.d-nb.de abrufbar.

Originalausgabe
2. Auflage 2023

Königsfurt-Urania Verlag GmbH, Ringstr. 32, D-24103 Kiel
www.koenigsfurt-urania.com • www.tarot-online.de
Umschlaggestaltung: Rebecca Prediger unter Verwendung der Motive old leather background © lolloj | Culinary herbs collection © Olga Serova | Floral motive © tada | watercolor plant of salvia © cat_arch_angel | Set of watercolor cornflowers © Olga F | Set of lavender flowers © Hanna | Mint herb with flowers © anitapol | Watercolor floral composition © Stupina | Calendula flower set © Nataliya Kunitsyna von Adobe Stock: © stock.adobe.com
Foto Chiara Butendeich © Katharina Marquardt
Projektleitung und Lektorat: Dr. Jennifer Lorenzen-Peth
Satz und Layout: Rebecca Prediger
Druck und Bindung: Finidr s.r.o., Tschechische Republik
Printed in EU

ISBN 978-3-86826-798-3

MIX
Papier aus verantwortungsvollen Quellen
FSC® C014138

Inhalt

Einleitung 7
Basics einer Green Witch 15
Deine magische Praxis gestalten 24

GROSSE ARKANA

O Der Narr & die Wegwarte 30
I Der Magier & die Gundelrebe 33
II Die Hohepriesterin & der Beifuß 36
III Die Herrscherin & der Apfel 39
IV Der Herrscher & die Königskerze 42
V Der Hierophant & der Salbei 45
VI Die Liebenden & die Rose 48
VII Der Wagen & der Rosmarin 51
VIII Die Kraft & die Kapuzinerkresse 54
IX Der Eremit & die Passionsblume 57
X Das Rad des Schicksals & die Ringelblume 60
XI Die Gerechtigkeit & die Linde 63
XII Der Gehängte & die Esche 66
XIII Der Tod & der Holunder 69
XIV Die Mäßigkeit & die Melisse 72
XV Der Teufel & die Tollkirsche 75
XVI Der Turm & das Gänseblümchen 78
XVII Der Stern & der Lavendel 81
XVIII Der Mond & die Nachtkerze 84
XIX Die Sonne & das Johanniskraut 87
XX Das Gericht & die Schlüsselblume 90
XXI Die Welt & der Lorbeer 93

HOFKARTEN

Die Stäbe & der Wacholder 98
Der Page der Stäbe & das Hirtentäschel 101
Der Ritter der Stäbe & die Brennnessel 104
Die Königin der Stäbe & die Schafgarbe 107
Der König der Stäbe & die Engelwurz 110

Die Kelche & das duftende Mariengras 113
Der Page der Kelche & die Kornblume 116
Der Ritter der Kelche & die Goldrute 119
Die Königin der Kelche & der Frauenmantel 122
Der König der Kelche & der Hopfen 125

Die Schwerter & das Mädesüß 128
Der Page der Schwerter & die Pfefferminze 131
Der Ritter der Schwerter & der Kümmel 134
Die Königin der Schwerter & das Eisenkraut 137
Der König der Schwerter & die Rosenwurz 140

Die Münzen & der Pilz 143
Der Page der Münzen & die Vogelbeere 146
Der Ritter der Münzen & der Löwenzahn 149
Die Königin der Münzen & die Kamille 152
Der König der Münzen & der Kürbis 155

Literaturtipps 158
Die Autorin 159
Danksagung 159
Bildnachweis 160

Hey du wundervolle Seele,

Du fühlst dich einfach magisch angezogen von allen *Modern Witch Tools* wie Tarotkarten, Kerzenzauber, Räuchern und Grüner Magie? Du suchst kreative Anregungen für deine spirituelle Praxis? Du fühlst, dass es dich immer mehr in die Natur zieht und du das Bedürfnis hast, dich wieder stärker mit ihr zu verbinden? Du hast ein schönes Tarotdeck zu Hause und möchtest neue Inspirationen für deine Legepraxis?

Ich nehme dich gerne an die Hand und zeige dir, wie du ein bisschen Grüne Magie mithilfe der Tarotkarten in dein Leben integrieren kannst. Die Natur bietet für jeden von uns sehr viele Schätze, die wir meist gar nicht mehr kennen. Und doch ist es ganz leicht, dich wieder der Natur zu öffnen, wunderbare magische Rituale mit Heilpflanzen zu praktizieren, ihre Energien und Bedeutungen zu verstehen und wie sie mit den Energien der Tarotkarten korrespondieren.

Ich freue mich, dass du mein Buch in den Händen hältst und unsere Reise gemeinsam hier beginnt!

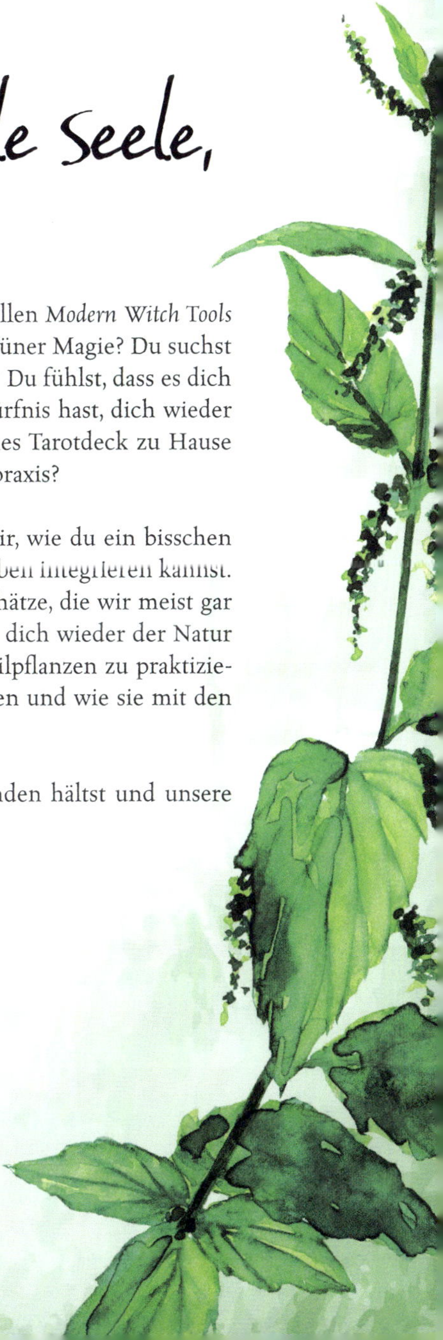

Die Magie der Kräuter und mein Weg zu Tarot

Ich bin voller Dankbarkeit, dass du mein Buch liest, es steckt viel Wissen über Grüne Magie, Zauber und den Bedeutungen der Tarotkarten drin. Ich freue mich, wenn wir gemeinsam die Welt ein wenig grüner machen können.

Aber zuerst stelle ich mich vor: Mein Name ist Chiara, ich lebe auf einem wunderschönen Apfelhof im Alten Land. Ich habe dort einen kleinen Garten, in dem ich meine Zeremonien praktiziere, Gemüse anpflanze und der Großteil dieses Buches geschrieben wurde. Mein Lebensmotto: Gegen jedes Wehwechen ist ein Kraut gewachsen und ja, die Natur hat unglaublich viel zu bieten, um ein ausgewogenes Leben zu leben. Aber ich kenne durch meine pharmazeutische Ausbildung auch die synthetischen Weiterentwicklungen der jeweiligen Pflanzen und weiß, wann die Grenzen der heimischen Pflanzen erreicht sind und wann ein Arzt oder eine Ärztin aufgesucht werden sollte.

Und genauso lebe ich Tarot. Es ist für mich das wichtigste Tool der Selbsterkenntnis und Selbstreflexion, es zeigt mir immer wieder Themen auf, an denen ich arbeiten darf, oder Tipps, wie ich mit einer Situation umgehen kann. Aber ich weiß auch, dass ich mit Tarot nicht meine Zukunft voraussagen kann, denn ich bin ein eigenständiger Mensch und kann meine Zukunft jederzeit beeinflussen, in dem ich in jeder Situation, die mir mein Leben stellt, entscheiden kann, wie ich darauf reagiere.

Mein Vorname kommt aus dem Italienischen, wo ein Teil meiner Wurzeln liegt, und steht für die „Erleuchtete“ und „Helle“, doch um diesen Namen zu leben, habe ich die andere, dunkle Seite kennenlernen dürfen. Ohne meine Depressionen, den frühen schmerzhaften Verlust meiner Eltern und meinen sexuellen Missbrauch in meiner Kindheit wäre ich den Weg der Spiritualität oder auch Selbsterkenntnis nicht gegangen. Es sind jetzt sehr harte Worte und auch sehr persönliche, ich bin durch diese furchtbaren Momente gegangen, um zu sehen, dass dort, wo Schatten ist, auch Licht ist, und auch genau das zu leben bzw. vorzuleben. Genauso gibt es im Tarot zu jeder Karte eine Schatten- und eine Lichtseite. Dieses

Buch wird dir auch zum Beispiel den Teufel in einer anderen Perspektive aufzeigen, der ja meistens immer nur als Schatten gesehen wird. Ich wäre sicher ohne meine Schattenthemen nicht auf Tarot gestoßen und hätte die Magie der Pflanzen nicht kennengelernt, denn ich wäre nicht den Pfad der Selbsterkenntnis gegangen. Ich habe oft einen Sinn darin gesucht, warum mir diese Sachen passiert sind, und ich kann dir sagen, sie sind mir passiert, damit ich genau der Mensch werde, der ich gerade bin. Heute darf ich mit der Natur gemeinsam arbeiten und andere Menschen unterstützen. Die Natur, die verschiedenen Heilpflanzen und Heilbäume haben buchstäblich das Licht in mir erhellen lassen und ich bin ihnen sehr dankbar, dass ich mit ihnen arbeiten darf.

Warst du mal im Wald und konntest wahrnehmen, wie anders sich die Luft dort anfühlt? Kühler, frischer, reicher an Sauerstoff? Der Boden ist weicher als die Straße und der Duft von Moos und Harzen verwöhnt dich und löst vielleicht in deinem tiefsten Inneren etwas aus? Das ist die Magie der Natur, aber nicht nur Magie, man kann heutzutage wissenschaftlich erklären, wieso der Wald einen so positiven Effekt auf uns Menschen hat oder der Duft von Blumen Gefühle bei uns weckt. Durch meine pharmazeutische Ausbildung beziehe ich mich bei jeder Pflanze auf fundiertes Wissen und versuche gleichzeitig, die Magie der Pflanzen zu beschreiben und zu lehren. Mir ist es ein großes Anliegen, dass Wissenschaft und Spiritualität Hand in Hand gehen.

Mit Zaubersprüchen und Magie beschäftige ich mich seit meiner frühesten Kindheit, ich habe liebend gerne Zaubertränke gebraut, mit meiner kindlichen Neugier mit Tieren geredet und kleine Rituale durchgeführt. Magie war mein Zufluchtsort und jetzt ein großer Teil meines Lebens, den ich integrieren durfte. Ich darf meine Magie nach außen sichtbar machen und mein Appell an dich: Du darfst es auch! Du musst es dir nur selbst erlauben.

Tarot ist mir erst in meinem Erwachsenenleben über den Weg gelaufen. Zum Glück durfte ich verstehen, dass Tarot als ein unglaublich mächtiges Tool für die Selbsterkenntnis genutzt werden kann.

Ich freue mich, wenn wir gemeinsam den Weg der Grünen Magie gehen und das Buch der Samen für deinen eigenen wundervollen Garten (dein Herz) werden darf.

Wie kam es zu diesem magischen Buch?

Ich wollte lernen, wie man „seriös“ Tarot verstehen kann, und bin zu meinem ersten Tarot-Stammtischtreffen des Tarot e.V. nach Hamburg gefahren. Hier durfte ich erfahrene Tarotkolleg*innen kennenlernen und eine tolle Gemeinschaft erfahren. Zufälligerweise stand das jährliche Treffen des Tarot e.V. vor der Tür und es fehlte noch ein Vortrag, an diesem Tag wurde der Samen für dieses Buch gepflanzt.... Und da bewundere ich meinen Mut, aber dazu muss ich sagen, dass meine Wesenskarte im Tarot der Wagen ist und dieser nur einen Weg kennt: gerade aus und los!

So habe ich mich intensiv mit den Karten beschäftigt, mich mit ihrer Symbolik und Energie verbunden und meine eigene Connection zu ihnen aufgebaut. Jedes Mal, wenn ich eine Karte in der Hand hielt, konnte ich die Energie einer passenden Pflanze spüren, zu der ich dann Kontakt aufgenommen habe. Wenn ich abends im Bett wieder eine Idee hatte, habe ich mein Herbarium aufgeschlagen und mich ausführlich mit ihr beschäftigt.

Du wirst feststellen, dass jede Pflanze ein Band zu der Tarotkarte knüpft und eine synergistische Wirkung eingeht, sie ergänzen sich. Das ermöglicht dir einen völlig neuen Zugang zu den Karten ebenso wie zu den Heilpflanzen.

Auf der jährlichen Mitgliederversammlung, die in Hamburg stattfand, durfte ich schließlich meinen Vortrag halten. Ich habe eine Vielzahl von Pflanzen mitgenommen, um die Schönheit der Natur den Menschen vor Ort zu zeigen, aber auch zu schmecken.

Und als ich meiner Lektorin Jennifer in die Augen blickte, wussten wir sofort, dass diese Magie in deine Hände fließen darf.

Was ist Tarot?

Tarot ist mein Tool der Selbsterkenntnis und ich hoffe, dass ich mit diesem Buch dir die Welt dieser tollen Energiearbeit zeigen darf. Jede Karte hat ihre besondere Bedeutung und wird von mir erklärt.

Um die 78 Karten dreht sich sehr viel Mystik, wann oder wie sie entstanden sind. Die vier Farben/Sätze oder Symbolreihen (Schwerter, Kelche, Münzen, Stäbe) beruhen auf Spielkarten, die im ca. 13./14. Jahrhundert aus dem arabischen Raum nach Europa kamen. Die Großen Arkana, die 22 Karten mit archetypischen Charakteren, finden sich zum ersten Mal im „Visconti Sforza Tarot" aus dem 15. Jh. im italienischen Raum. Sie werden auch „Trümpfe" genannt, evtl. sind die Triumphzüge hier Vorbilder gewesen. Reiche Herrscherfamilien ließen sich Karten mit Familienmitgliedern malen. Aber zunächst war Tarot nur ein Spiel – erst im 18. Jahrhundert sah man darin geheime Weisheiten und Weissagungen. 1909 erscheint dann das berühmteste aller Tarotdecks – das Tarot von A.E. Waite und Pamela Colman Smith. In moderner Zeit setzt sich dann ein Verständnis von Tarot als Tool für die eigene Selbstreflexion durch.
In diesem Buch wirst du die Abbildungen des Tarot von Waite & Smith finden, es ist mein Lehrtarot und ich finde die Bildsprache sowie die Energien dahinter bedeutend. Ich nenne es auch gern Smith-Waite, zu Ehren der Künstlerin Pamela Colman Smith, die dem Tarot meines Erachtens durch ihre Symbolsprache die Magie eingehaucht hat.

Ich beschäftige mich hier mit der Großen Arkana (Latein: arcanum, „Geheimnis"), die als Energien psychologisch-seelische Archetypen darstellen. Die Karten der Großen Arkana werden auch als „Heldenreise" bezeichnet, da sie mit dem Narren (0) beginnen, der sozusagen unsere Geburt darstellt, und wir dann viele verschiedene Momente wie in unserem Leben durchlaufen, den Aufbruch von zu Hause, Verlust, Liebe, Fall und „Wiedergeburt" etc., die sich alle in der Großen Arkana wiederfinden. Sie endet mit der Karte 21, *Die Welt*.

Die Hofkarten gehören zu der Kleinen Arkana. Sie sind in die vier Farben/Reihen Stäbe, Kelche, Schwerter, Münzen eingeteilt, die mit den vier Elementen Feuer, Wasser, Luft und Erde korrespondieren. Die vier Höfe bestehen jeweils aus einem Pagen, Ritter, Königin und König. Man kann sie auch als „Entwicklungskarten“ deuten, von dem etwas naiven Pagen bis hin zu dem Königspaar, das über das jeweilige Element herrscht.

In diesem Buch gehe ich nicht auf die Zahlenkarten der jeweiligen Reihe der Kleinen Arkana ein (Karten Ass-10). Dies hat den Grund, dass es mir wichtig ist, den Pfad der Pflanzen mit der jeweiligen Energie und Archetypen der Tarotkarte in Verbindung zu bringen, jede Pflanze steht dabei für sich. Ich deute die Zahlenkarten als Gefühle und diese sind so wandelbar wie wir selbst, und daher stehen sie nicht für eine einzelne Pflanze.

Jede Pflanze hat ihre eigene Energie und wenn du dich intensiv mit diesem Buch und den jeweiligen Heilpflanzen beschäftigst, dann wirst du lernen, auch zu den jeweiligen Zahlenkarten deinen Blumenstrauß zu binden. Hierfür können Symbolik, die Sprache und Signatur der Pflanzen hilfreich sein und natürlich die jeweiligen Pflanzengeister, die du, wenn du dich mit dem Schamanismus beschäftigen möchtest, lernen kannst.

Wenn wir uns zum Beispiel die Karte *Zwei der Schwerter* anschauen, sehen wir eine Frau mit zwei Schwertern und einer Augenbinde. Die Zwei steht für Zweifel oder auch hier Entscheidung, bzw. sich nicht entscheiden zu können. Eine Herangehensweise ist es, sich an der **PFLANZENSYMBOLIK/SIGNATUR** zu orientieren (siehe Literaturverzeichnis), dann wirst du dann auf die Wiesenmargerite stoßen. Sie ist nämlich eine Orakelpflanze und könnte dir in diesem Kontext helfen, dir die Entscheidung durch Abzupfen der Blütenblätter abzunehmen bzw. zu unterstützen.

Die **BLUMENSPRACHE** erklärt uns, wie traditionell die Blumen symbolisch verstanden wurden. Unsere Vorfahren haben Rosen für die Liebe (daher *Die Liebenden*) verschenkt, Tulpen galten als nicht erwiderte Liebe und der Name „Vergissmeinnicht“ zum Beispiel ist ein „sprechender“ Name.

Die **SIGNATURLEHRE** der Pflanzen deutet dagegen, wie zum Beispiel eine Pflanze aussieht und wogegen sie helfen könnte. Ein bekanntes Beispiel sind Bohnen, die wie kleine Nieren aussehen, und deswegen sollen sie auch gegen solche Krankheiten helfen, wie Blasen,- und Nierenbeckenentzündungen. Pharmazeutisch gesehen können Bohnenhülsen wirklich bei Blasenentzündungen helfen, da sie eine diuretische (harntreibende) Wirkung haben. Das bedeutet, dass sie auch die Niere durchspülen. Die Bohne würde ich demnach dem Element Wasser zuordnen und da sie dem Organ Niere zugeordnet wird, entspricht sie dem Thema: Gefühle.

Mir war es wichtig, für dich heimische Pflanzen als Korrespondenzen zu den Karten zu finden, die du in deiner Umgebung auf einem Spaziergang entdecken oder auch selbst anbauen und kultivieren kannst.

Die Wesenskarte

Die „Wesenskarte" oder auch „Seelenkarte" ist deine eigene Lebenskarte im Tarot, sie symbolisiert deine Lebensthemen sowie deine eigenen Energien. Sie verkörpert deine unbewussten Themen.
Wie rechnest du deine Wesenskarte aus?

Du kannst als Bestimmung deiner Wesenskarte die Quersumme deines Geburtsdatums nehmen, schauen wir uns das an dem Beispiel meines Geburtstags an:

01.02.1993 = 1+2+1+9+9+3=25, da die Wesenskarten den ersten neun Karten der Großen Arkana entsprechen, rechnen wir nun: 2+5=7, meine Wesenskarte ist *Der Wagen*. Die Karten 1-9 im Tarot repräsentieren die Archetypen der Menschen, in Kombination mit der Astrologie (Sonnenzeichen, Aszendenten und Mond) können wir einen sehr intensiven Einblick in uns selbst erfahren, aber auch lernen, Wesenszüge andere Menschen besser zu verstehen.

Als ich meine Wesenskarte errechnet und ihre dazugehörigen Schlüsselwörter gelesen habe, wie Geistesblitze, Spontanität und Übermut, war mir meine Lebensaufgabe klar: Dinge zu Ende bringen und auch eine Pionierin für neue Dinge sein zu dürfen. Daher gewiss auch dieses Buch.

Hier findest du ein paar Schlüsselwörter zu der jeweiligen Lebensaufgabe:

Der Magier: Individualist, Schicksal selbst gestalten
Die Hohepriesterin: Hebamme, Weitergabe von inneren Wahrheiten
Die Herrscherin: Mutter, Lebenserfahrung vermitteln, Kreativität
Der Herrscher: Vater, machtvoll das Leben leben, Aktivität
Der Hierophant: Lehrer*in, Vermitteln von Wissen
Die Liebenden: Der/die Unverbindliche, Verantwortung übernehmen
Der Wagen: Pionier*in, Dinge zu Ende bringen
Die Kraft: Der/die Mutige, eigenen Selbstwert wahren und durchsetzen
Der Eremit: Weise, inneres Wachstum

Wenn du deine Karte ausgerechnet hast, nimm sie aus deinem Tarotdeck und schau sie dir bewusst an. Was fühlst du? Was siehst du? Welche Bedeutung hat diese Karte für dich und welche Parallelen zu dir nimmst du wahr? Was liegt noch im Verborgenen? Was lebst du schon aus?

Schaue nun im Buch nach, welche Pflanze der Karte zugeordnet ist. Pflücke, zeichne oder lege dir ein Bild von der Pflanze deiner Wesenskarte neben deine Karte, dies ist deine Pflanze. Wie fühlt sie sich an? Was strahlt sie für dich aus? Wie riecht sie? Wie schmeckt sie? Und wie kannst du mit ihr arbeiten? Möchtest du die Pflanze trocknen und für Kerzenzauber verwenden, ein Ritualöl deiner Wahl erstellen oder sie pressen und in einen Bilderrahmen legen? Nimm dir den Freiraum, mit ihr zu arbeiten und sie zu erfahren, genauso wie du dein eigenes Wesen erfahren darfst. Vielleicht nimmst du sogar eine kleine Pflanzenpatenschaft an? Dafür gehst du hinaus in die Natur, suchst deine Wesenspflanze und beobachtest sie ein Jahr über. Wann blüht sie? Wann trägt sie Früchte? Welchen Standort hat sie? Welche Energie spürst du? Und vielleicht legst du ihr immer mal wieder ein kleines Geschenk hin.

Basics einer Green Witch

Was bedeutet Grüne Magie?

Das erste Mal (bewusst) mit der Grünen Magie in Kontakt gekommen bin ich im Alter von 7 Jahren, genauer gesagt mit dem Pflanzengeist. Damals bin ich im Garten einer Freundin gewesen, deren Eltern sehr viel roten Fingerhut (*Digitalis purpurea*) im Garten hatten. Für mich waren es die Häuser der Feen und ich konnte stundenlang Bienen und Hummeln beobachten, wie sie von einer „Glocke" zur nächsten flogen. Meine Freundin hatte Angst vor diesen Blumen, weil ihre Eltern ihr beigebracht hatten, dass sie tödlich sind. Nun, da hatten sie nicht unrecht, Digitalis purpurea enthält herzwirksame Digitaloide, welche beim Verzehr tödlich sein können. Doch meine Freundin traute sie nicht mehr zu der Pflanze hin, ich empfand nur die Schönheit der Pflanze und stellte mir vor, wie die Feen mich beobachten, während ich hoffte, dass sie aus ihren Verstecken kommen. Dies ist der Spirit, der mich seitdem begleitet. Der rote Fingerhut war die erste Pflanze in meinem Garten, die ich geschenkt bekommen habe, mit dem Hinweis: Hier können deine Feen einziehen. Der Fingerhut ist auch eine Heilpflanze, aus der Pflanze werden Digitalis-Glykoside gewonnen, die erfolgreich bei Herzschwäche eingesetzt werden können. Sie ist also nicht nur eine Giftpflanze.

Mein tiefster Wunsch ist es, dass du durch dieses Buch einen Anstoß bekommst, dich mit deiner Umwelt zu beschäftigen. Der Weg einer grünen Hexe ist es, mit der Natur zu leben, Pflanzen zu säen, zu ernten, Rezepte auszuprobieren, Cremes und Salben zu zaubern, Räucherbündel zu kreieren und Pflanzengeistern im Austausch für ihre Gaben kleine Geschenke zu überreichen.

Daher sind meistens Hexen der Grünen Magie - wie ich - sehr mit der Erde und im Tarot mit der Münzenergie verbunden. Dabei musst du deine magische Praxis nicht in eine Schublade einsortieren und eine Küchen-, Stein-, Kräuter- oder Tarothexe sein, sondern deinen eigenen individuellen Weg mit all deinen Möglichkeiten finden. Wir stecken uns eh schon zu oft in gedankliche Schubladen. Jeder Weg ist einzigartig und bedarf keiner förmlichen Traditionen. Die Grüne Magie ist keine Religion, sondern eine Lebensweise, die sich sehr gut auch mit unserer technischen Welt vereinen lässt. Denn ich bin nicht nur im Garten zu finden, sondern auch mal mit einem großen Glas Chardonnay bei einer neuen Lieblingsserie. Balance ist für mich das A & O - aber ist Wein nicht auch aus der Natur ?? 😊

Mir ist es sehr wichtig, darauf hinzuweisen, dass ich häufig das Wort „Hexe" verwende, damit aber jede*r, der oder die sich mit der Energie identifiziert, gemeint ist, egal, welchem Geschlecht oder auch keinem Geschlecht du dich zugeordnet fühlst.

Das Buch der Schatten: Dein magisches Hexenbuch

Ein „**BUCH DER SCHATTEN**" anzulegen, ist ein großer Teil deiner magischen Praxis. Meins sieht so ähnlich aus wie dieses Buch, das du in den Händen hältst. Ich möchte dich motivieren, dir auch eins anzulegen. Dafür brauchst du ein wundervolles Buch mit leeren Seiten, eins, was dich ansprichst und du ausfüllen magst. Vielleicht klebst du dort gepresste Pflanzen hinein, die du beschriftest, und notierst dir dazu Rezepte, die du gerne verwendest. Oder du schreibst etwas darüber, wie du deine Pflanzen anbaust, pflegst und erntest. Außerdem kannst du dir Notizen zu deinen eigenen Deutungen der Tarotkarten aufschreiben. Auch wenn ich immer eine Grundbedeutung der Karten in diesem Buch erkläre, darfst du frei deiner Intuition folgen und musst nicht meine Bedeutungen annehmen.

Es können auch Sigillen oder Runen zu finden sein, oder Zaubersprüche sowie Rituale, die für dich wichtig sind, sei kreativ!

Vielleicht magst du dir auch die Daten der Jahreskreisfeste in dein Buch eintragen:

1. Februar: Imbolc - Lichtmess
21. März: Ostara – Tag-und-Nachtgleiche
1. Mai: Beltane - Walpurgis
21. Juni: Litha - Sommersonnenwende
1. August: Lughnasadh - Schnittfest
22. September: Mabon – Herbst-und-Nachtgleiche
31. Oktober: Samhain - Fest der Ahnen
21. Dezember: Jule - Wintersonnenwende

Einige Hexen feiern auch nach dem Mondkalender die Jahreskreisfeste, halte dir gerne in deinem „Buch der Schatten" fest, wie du sie zelebrieren möchtest. Vielleicht hilft dir deine Stabfeuerkerze, den nötigen Schwung für den Frühjahrsputz, der traditionell ab Lichtmess stattfindet, zu bekommen. Oder der *König der Münzen* besucht dich an dem Fest der Ahnen und du darfst deinen Reichtum teilen. Es ist dein eigenes Hexenbuch und es darf so gestaltet werden, wie du es magst.

Räuchern, aber wie?

Räuchern stellt das Element Feuer dar, da du Materie verbrennst. Daher kann Räuchern sehr gut als Schutz oder zum Vertreiben von Energien, die dir nicht mehr dienlich sind, angewendet werden. Schon unsere keltischen Vorfahren haben geräuchert in Zeremonien, um den Geist zu reinigen, Schädlinge fernzuhalten und in den Schutz und in den Kontakt mit ihren Gottheiten zu treten. Der energetische Rauch und die Botschaft der Pflanzen stellen eine Verbindung zu der dritten und vierten Dimension her.

Ich möchte dir zeigen, dass unsere Natur, unsere Umgebung alles bereithält, was es zum Räuchern benötigt. Es muss nicht immer Palo Santo sein, du kannst dich ausprobieren und zum Beispiel Fichtenharz für Konzentration, Melisse zur Reinigung und die wunderschönen Malvenblüten zur Erdung nehmen. Ein großer Vorteil beim Sammeln ist, dass du dir sicher sein kannst, dass dein Bündel keine Pestizide enthält oder durch den Kauf andere Nationen ausgebeutet werden.

Ich räuchere gern zu Jahreskreisfesten, nach einem Streit, nach einer Erkrankung, vor einem Tarotreading sowie vor & nach jeder Reikisession. Dein Zuhause in regelmäßigen Abständen mit heimischen Kräutern und Harzen auszuräuchern, kann sehr kraftvoll sein.

EIN PAAR SICHERHEITSHINWEISE ZUM RÄUCHERN:

Räuchere nur Pflanzen/Harze, die du kennst, und in den Mengen, die du verträgst, Wermut und Wacholder können z.B. leicht psychedelisch (bewusstseinsverändernd) wirken.

Räuchere nicht in der Schwangerschaft, in der Nähe von Kindern oder Haustieren!!

Auch nicht, wenn du allergisch gegen die Heilpflanze bist, an Asthma oder anderen Atemwegserkrankungen wie COPD leidest, oder dann nur draußen.

Halte deine Nase nicht direkt über dein Räuchergut, es kann heiß sein und zu viel Rauch für dein Atemsystem bilden.

Schalte, wenn du dein Haus ausräucherst, die Feuermelder aus!

Lüfte danach gut.

Es gibt verschiedene Arten, zu räuchern, mit **Kohle, Glimmstängel, Stäbchen, als Bündel oder über einem Stövchen**. Kohle und Bündel haben meist einen intensiveren Rauch, ich bevorzuge Bündel, mit denen ich gern meine Tarotkarten und mein Haus ausräuchere. Glimmstängel und mein selbst getöpfertes Stövchen begleiten mich in meinen Zeremonien, da der Rauch nicht so intensiv ist.

Ein **Räucherbündel** ist ein Bündel aus getrockneten Pflanzenteilen, welches du an der Spitze mit einem Streichholz oder Feuerzeug anzündest.

Sobald es anfängt zu brennen, pustest du die Flamme aus und es glimmt vor sich hin und füllt die Umgebung mit seinem Rauch aus. Es ist ratsam, einen Tonteller unter das Räucherbündel zu halten, weil es Glut verlieren kann. Wenn dein Bündel droht auszugehen, kannst du es mit deiner Puste wieder vorsichtig entfachen oder mit einer schönen Feder etwas Sauerstoff zufächeln. Wenn du dein Bündel ausmachen möchtest, stecke es gerne in eine Schale mit Sand oder lasse es auf einen Teller ausglühen.

Ein **Glimmstängel** besteht aus Harzen, Räucherkohle und getrockneten Kräutern, genauso wie die Räucherkegel, die du vielleicht zu Weihnachten verwendest. Du kannst sie wie ein Räucherstäbchen anzünden, in ein Gefäß mit Sand stellen und so deinen Raum ausräuchern oder für deine Zeremonien nutzen.

Ich empfehle, **draußen** mit **Räucherkohle** zu räuchern, da diese aufgrund ihrer starken Rauchentwicklung, für mich zumindest, nicht für Innenräume in Frage kommt. Dafür legst du ein Stück Kohle in ein mit Sand gefülltes Tongefäß und zündest dieses mit einem Feuerzeug an. Sobald die Kohle zu knistern anfängt und langsam gräulich/weißlich wird, kannst du deine getrockneten Kräuter darauflegen. Bitte gehe hier mit großer Achtsamkeit vor, denn die Kohle hat eine große Hitzeentwicklung und ist nicht für jedes Räuchergut geeignet.

Meine liebste Art zu räuchern ist mit einem sogenannten **Stövchen**. Das ist ein offenes Tongefäß, in welches man ein Teelicht stellt, und über der Öffnung liegt auf einem Metallgitter das Räuchergut. Durch die Hitze des Teelichts wird ganz leicht dein Gut verräuchert und gibt seine Aromen ab.

Es gibt viele Möglichkeiten, mit Harzen und mit Kräutern zu räuchern, und jede Methode hat etwas für und gegen sich. Wenn du neu anfängst, lass dich am besten in einem Geschäft deiner Wahl beraten und probiere dich aus. Schau, was dir gefällt, was sich gut in deine magische Praxis integrieren lässt und sich auch gut für dich selbst anfühlt.

Räuchere immer mit Bedacht und lass dein Räuchergut nicht aus den Augen! Es handelt sich um das Element Feuer und es kann deine Umgebung anstecken. Den letzten Satz schreibe dir bitte vor allem, wenn du in der Natur räucherst, hinter die Ohren, lasse nie dein Bündel einfach auf dem Boden oder schütte heiße Asche auf den Rasen.

Was bedeutet hier das Wort „Drogen“?

Im alltäglichen Sprachgebrauch sind Drogen Substanzen, die extrem abhängig machen. Im Fachjargon heißen diese Substanzen Betäubungsmittel. In diesem Buch handelt es sich nicht um Betäubungsmittel, sondern um getrocknete Pflanzen. Das Wort „Droge“ stammt nämlich von „dröge“, was „trocken“ bedeutet. In der pharmazeutischen Sprache bedeutet das demnach „getrocknete (Pflanzen-)Teile“. Pflanzliche Drogen können Blüten, Wurzeln, Blätter, Früchte, Rinde, Rhizom, Samen oder das ganze Kraut sein.

Teerezepturen (Teemischungen = Species) sind individuell, sie bestehen meist aus 3-6 Drogen. Möchtest du einen Tee zusammenstellen für eine Indikation, z.B. um den Verdauungstrakt zu stimulieren, suche dir zuerst eine sogenannte „Leitdroge/Indikationsdroge“ aus. In unserem Beispiel könnte es Wermutkraut sein, aufgrund der Bitterstoffe regt es die Gallenproduktion an. Möchtest du dies noch unterstützen, nimmst du sogenannte „Adjuvantien“ dazu, wie zum Beispiel Pfefferminze, die auch einen tollen Nebeneffekt hat, nämlich einen angenehmen Geschmack. Wermut schmeckt sehr bitter.

Wenn du jetzt noch etwas für das Auge haben möchtest, gibst du ein paar Kornblumenblüten oder Calendulablüten hinzu, sogenannte „Schmuckdrogen“, bzw. „Hilfsdrogen“. Hilfsdrogen sind unterteilt in Geschmacksverbesser, Geruchsverbesser oder Schmuckdrogen, die das Aussehen des Tees verschönern.

Meinen Tee aus meinem eigenen Garten zu beziehen, ist für mich so wertvoll, doch nicht jede*r hat die Möglichkeit. Du kannst dir deine jeweiligen Drogen in der Apotheke (die Arzneibuchqualität aufweisen) oder nach Lebensmittelqualität in guten Reformhäusern/Internet bestellen und dir deinen eigenen Tee aus deinen Drogen selbst zusammenstellen. Ein wunderbarer Prozess.

Du wirst in diesem Buch auch bei allen Pflanzen die jeweiligen sekundären Inhaltsstoffe finden. Jede Pflanze hat noch weitere primäre Inhaltsstoffe und weitaus mehr sekundäre Pflanzenstoffe, als ich aufgeschrieben habe. Ich wollte mich auf die sekundären Hauptpflanzenstoffe konzentrieren. Die primären Pflanzenstoffe bilden das Gerüst der Pflanze wie

Vitamine, Fette, Mineralien usw. Ohne diese kann die Pflanze nicht überleben, die sekundären schützen die Pflanze vor Fraßfeinden und Umwelteinflüssen. Hier setzt die Phytotherapie an. Du wirst immer wieder Wörter wie Schleimstoffe, Flavonoide, ätherische Öle usw. lesen. Diese Pflanzenstoffe wirken auf unseren Körper und können erfolgreich gegen Erkrankungen eingesetzt werden.

Worauf solltest du beim Sammeln achten?

Naturschätze zu sammeln ist beruhigend, erdend und magisch. Es gibt aber ein paar Dinge, die du beachten solltest:

- Sammle nicht auf fremden Grundstücken.
- Sammle nicht an einer viel befahrenen Straße, auf einem Industriegelände, in Parks mit vielen Hunden oder in der Nähe von Bauernhöfen, wo gespritzt wird. Es könnte eine hohe Schadstoffbelastung in den Pflanzen stecken.
- Sammle nur Pflanzen, die du eindeutig bestimmen kannst, hier kann ein Bestimmungsbuch helfen oder ein Kräuterkurs!
- Sammle keine Pflanzen, die unter Naturschutz stehen (Rote Liste, zum Beispiel: Arnika, hohe Schlüsselblume oder die Küchenschelle). Du kannst bei deinem NABU vor Ort nachfragen oder beim Bundesamt für Naturschutz in der Roten Liste nachschauen.
- Bitte pflücke niemals den ganzen Bestand, lass immer 2/3 des Bestandes für die Vermehrung stehen.
- Keine Pflanzen rausreißen, sondern mit einem Messer abschneiden. Spirituell gesehen sollte man Pflanzen nur mit einem Keramikmesser schneiden. Ich selbst nehme ein gutes Pflanzenmesser aus rostfreiem Stahl.
- Sammle nur so viel, wie du wirklich verarbeiten kannst.
- Schau bitte immer umsichtig auf deine Umgebung, nicht dass du eine Brutstelle zerstörst.

- Nimm einen Korb oder wickle Pflanzenteile in Leinentücher, Plastik eignet sich nicht, weil die Feuchte die Pflanzen schnell welken lässt oder sie auch nach kurzer Zeit Schimmel ansetzen.
- Schau, welche Pflanzen du morgens und welche du abends pflücken magst, regnerische Tage sind eher mit einer tollen Tasse Tee und diesem Buch zu genießen!
- Lasse gerne ein Geschenk für die Natur und Naturgeister zurück, wie einen Stein oder ein Schlückchen Wasser.
- Ob du dein Sammelgut wäschst, ist dir überlassen. Ich wasche es nicht, da viele wichtige Pollen, gute Mikroorganismen etc. verlorengehen können.
- Wenn du Pflanzenteile für die innerliche Einnahme verarbeiten möchtest, lasse sie auf einem Holzbrett für ca. 30 min. liegen, dann können evtl. Tierchen wegkrabbeln.
- Gehe es langsam an: Fange erstmal mit 2-3 Pflanzen an, schau, wann sie blühen, wie sie blühen, welche Früchte sie tragen, welchen Standort sie benötigen, wann du welche Pflanzenteile sammeln kannst. Entwickle so Stück für Stück dein Pflanzenwissen!

Was solltest du bei Kerzenzaubern beachten?

Kerzenzauber sind meine liebsten Zauber, Kerzen sind mächtig und so vielseitig einsetzbar. Es gibt eine Vielzahl an Kerzen, in verschiedenen Farben und Formen, und jede hat ihre eigene Bedeutung. Du findest in diesem Buch verschiedene Kerzenzauber zu unterschiedlichen Themen. Du kannst Ritual-Kerzen selbst ziehen/gießen, einfärben und schmücken oder in gut sortierten spirituellen Läden sowie auf meiner Webseite erwerben. Es gibt Kerzen für 30 min. Brenndauer bis hin zu mehreren Stunden, je nachdem, wie ausladend dein Ritual werden darf. Für kraftvolle Zauber ist es wichtig, dass die Kerzen durchgefärbt sind.

Die Kerzenfarben bedeuten:

- **Weiß**: Alle Spektralfarben, Reinheit, Liebe, für jeden Zauber geeignet
- **Rosa**: Romantik, Selbstliebe

- **Rot**: Leidenschaft, Sex
- **Gelb/Gold:** Heilung, Manifestation
- **Violett**: Spiritualität
- **Grün**: Wachstum, Gesundheit und Geldmagie
- **Blau**: Kommunikation und Gedanken
- **Schwarz**: Bannzauber

Die Kerzenformen stehen für:

- **Teelicht**: schnelle Zauber
- **Stabkerzen**: Meine liebsten Kerzen, für jede Form von Magie und gut für Rituale geeignet, da man mehrere Energien verbinden kann.
- **Geschlechtsteilkerzen**: Diese Kerzen sehen wie das männliche oder das weibliche Geschlechtsorgan aus. Sexuelle Zauber, aber auch zum Auflösen von Traumata (Wurzelchakra-Themen).
- **Teufelskerzen**: eine Kerze in Form eines Teufels. Schlechte Energien vertreiben, aber auch geeignet, wenn man mit Süchten arbeiten möchte.
- **Glaskerzen**: Lange Zauber, sie sollten ununterbrochen brennen.
- **Bienenwachs**: Passend, wenn man mit Gottheiten arbeiten möchte.
- **Mondkerzen**: Kerzen in Form eines Vollmondes, Manifestation.

Es gibt natürlich noch mehr Arten von Kerzen, ich wollte dir hier eine kleine Auswahl anbieten. Egal, für welche Kerze du dich entscheidest, denke immer an den Brandschutz! Ich habe immer Sand in der Nähe meiner Kerzen stehen, womit ich die Flamme ersticken könnte, oder bei Glaskerzen einen Teller, womit ich der Kerze notfalls den Sauerstoff entziehen kann. Bei Stabkerzen kann auch ein großes Glas zum Löschen verwendet werden. Einen Dochtlöscher zu kaufen, ist auch eine gute Investition. Der Docht sollte immer auf ca 8 mm gekürzt werden und Dochtreste aus dem Wachs entfernt werden.

Bitte nicht auspusten! Erstens beendest du mit dem Auspusten den Zauber, einige Hexen sagen sogar, dass dadurch der Zauber unwirksam werde, und zweitens, was noch viel wichtiger ist: Kerzenwachs spritzt überallhin und es kann eine größere Flamme entstehen. Wasser zu verwenden, ist auch keine gute Idee, denn es kann aufgrund der zu schnellen Abkühlung zu Wachsspritzern führen, die Verbrennungen verursachen können. Wenn du achtsam mit deinen Kerzen umgehst, sind sie für mich das schönste magischste Tool für Zauber.

Wie du deine magische Praxis gestalten kannst

Dein Heilpflanzen-Spread

Als Erstes habe ich ein Spread (Tarot-Legemuster) für dich gezaubert, damit du dich mit der Energie des Buches verbinden kannst.

1 & 2: Deine Wurzeln:
Mit welchen Fähigkeiten bist du auf diese Welt gekommen? (Mutter und Vateranteile)

3 & 4: Deine Sprossachse:
3: Deine Herausforderungen in deinem Leben
4: Was dir hilft, die Herausforderungen zu meistern

5 & 6: Deine Blätter:
5: Das sehen andere in dir
6: Das darfst du dir anschauen

7: Deine Blüte:
Das darfst du noch erblühen lassen.

Dieses Spread stellt deine eigene wunderschöne Blume in dir da und stimmt dich auf die Energie dieses Buches ein. Wähle hierfür aus deinem Deck nur die Karten der Großen Arkana und die Hofkarten aus. Nimm dir eine Tasse Tee und vielleicht möchtest du sogar draußen Tarotkarten legen? Spüre in dich hinein, hast du Lust, die Welt der Natur in Einklang mit Tarot zu bringen? Wenn ja, dann mische deine Karten, wie es sich für dich richtig anfühlt, und ziehe intuitiv acht Karten. Lege sie auf die Plätze und decke sie nacheinander auf.

Diese Legung zeigt dir, welche Energien du in deinen Wurzeln hast, deine eigene Verbindung zur Mutter Erde. Die Sprossachse ist für Pflanzen die Wachstumszone und genauso sind Herausforderungen für uns Menschen eine Wachstumszone. Überleg mal, wie du dich fühlst, wenn du ein Problem/einer Herausforderung gemeistert hast? Was konntest du dazu lernen? Warst du stolz auf dich? Ich persönlich empfinde jede Herausforderung, egal, wie schwer sie ist, als Wachstum, für mich, für meine Beziehungen oder für meine Arbeit.

Mit den Blättern können die Pflanzen Photosynthese betreiben, sie sind außerdem (abgesehen von der Blüte) ein tolles Erkennungsmerkmal. Daher findest du auf diesen Plätzen die Karten, die dir zeigen, was du dir selbst noch mehr anschauen darfst und was andere schon in dir sehen. *Welche Form hast du? Glatt, herzförmig, gesägt, gelappt oder gefiedert? Das sind alles Blattformen, vielleicht kannst du dich ja mit einer identifizieren?* Die letzte Tarotkarte zeigt dir, was du noch blühen lassen darfst, denn die Blüte schenkt den Bienen und Hummeln ihren Nektar. Du darfst auch andere Menschen in deiner Umgebung mit deiner Blüte bezaubern. Dich zeigen und erstrahlen lassen.

Deine Karten und die Heilpflanzen

Wenn du die Karten gelegt hast, schaue dir in diesem Buch die entsprechenden Botschaften und Pflanzen dazu an, welche kennst du bereits? Welche möchtest du sammeln oder auch selbst anbauen und vor allem, welche Gefühle lösen diese Pflanzen bei dir aus?

Markiere dir die Stichwörter, die mit dir in Resonanz gehen. Welche Karte durfte zu deinen Wurzeln fallen und was verbindest du mit dieser Pflanze? Siehst du Anteile von deinem Vater und Mutter? Gibt es Pflanzen, die du aus deiner Kindheit kennst und die in Vergessenheit geraten sind? Welche Pflanze darf dich zum Erblühen bringen und wie kannst du diese in den Alltag integrieren? Ist es vielleicht die Minze, die du immer, wenn du das Gefühl hast, deine Blüte zerknittert, herausholen darfst in Form eines Aurasprays oder Ölrollers? Oder ist es die Esche, wovon du dir ein bisschen was abzweigst, in deine Jackentasche steckst, um deinen persönlichen Kraftort immer dabei zu haben?

Vielleicht fotografierst du deine Legung und druckst das Bild aus. Schreibe dir gerne deine Herausforderungen, die in der Sprossachse angezeigt werden, auf ein Blatt und lege sie zum Beispiel in dein Portmonee oder an einen Platz, wo du sie immer wieder siehst und an deine Herausforderung erinnert wirst. Denk dran: Herausforderungen sind Wachstumsmöglichkeiten!

Du kannst aus deinen Pflanzen, die du in deinem Heilpflanzen-Spread ziehst, deine ganz persönliche Räuchermischung zaubern. (Wenn du den *Teufel* ziehst, kannst du die Zutat einfach weglassen und die Karte zum Beispiel bei dem Zubereiten der Räuchermischung danebenlegen, die Energie der Räuchermischung bleibt dieselbe.)

Welches Green Magic Ritual möchtest du von deinen acht wundervollen Pflanzen im Anschluss an deine Legung durchführen? Schau, welches dich anspricht und du genau jetzt durchführen kannst.

Nimm dieses Buch in die Hand, wenn du dir deine persönliche Tageskarte ziehst und ein Ritual ausführen möchtest. Nimm es in die Hand, wenn du von einem Spaziergang zurückkommst und über eine Pflanze nachlesen möchtest. Nimm das Buch in die Hand, wenn du dazu bereit bist, dich mehr mit der Natur zu verbinden und mit deinem wahren, inneren Kern. Nimm das Buch in die Hand, wenn du Inspiration und Abwechslung für deine Tarotpraxis suchst und die Karten einmal ganz anders verstehen möchtest.

Arbeite mit diesem Buch: Schreibe dir Zeilen in dein „Buch der Schatten" ab, schaue in deinen Kartenlegungen, welche Karte immer wieder vorkommt, und nimm dir die dazugehörige Pflanze. Was kann dir die Pflanze lehren, gibt es vielleicht Inhaltsstoffe, die du interessant findest und mehr konsumieren möchtest? Welche gleichen Merkmale fallen dir zwischen der Tarotkarte und der Heilpflanze auf? Aber auch andersherum, welcher Pflanze begegnest du immer wieder in der Natur? Was darf sie dir aufzeigen? Mit welcher Energie darfst du mehr arbeiten? Ist es der Holunder, der dich dazu ermutigt, tiefer in die Transformation zu gehen, oder die wunderschöne hohe Schlüsselblume, welche dich daran erinnert, in Kontakt mit deinen Ahnen zu kommen? Siehst du öfter die Gundelrebe und erinnerst dich an deine eigene Magie und die Kraft, die hinter der Karte *Der Magier* steckt? Es gibt so viele wundervolle Möglichkeiten, mit diesem Buch zu arbeiten, probiere die *Green Magic Rituale* aus, zelebriere sie, feiere die Jahreskreisfeste, nimm die Rituale als Denkanstöße, verändere sie und entwickle dich und dieses Buch weiter.

Es wurde für dich geschrieben.

Mein Herz macht einen Hüpfer, wenn ich mir vorstelle, dass du die Natur nun mit anderen Augen siehst und du sie auch ein klein wenig grüner mit deiner einzigartigen Magie zauberst.

In Liebe,
Deine Chiara

Große Arkana

0

Der Narr und die Wegwarte

Cichorium intybus

Neue Chancen, Neubeginn, Abenteuer, kindlich und unbekümmert, Start der Reise

Astrologische Zuordnung: Uranus

Die Reise des Helden beginnt! *Der Narr* ist der Anfang, die Null, der Start einer neuen Reise, der Aufbruch der Held*innen. Hier im Augenblick zu leben und für die eigenen Wünsche und Träume loszugehen, aber auch den Weg vor Augen zu haben, immer den nächsten Schritt, einen Schritt nach dem anderen, ist eine wesentliche Botschaft des *Narren*. Er zeigt uns, dass wir eine neue Richtung einschlagen dürfen, aber nicht unbedacht. Wir dürfen träumen und den Kopf in die Wolken recken, dennoch sollten wir schauen, wo uns unsere Füße hintragen, nicht dass wir stolpern oder sogar die Klippe herunterfallen! Eine leichte kindliche Energie schwingt bei dieser Karte mit und gleichzeitig die Warnung, immer auf sich selbst zu achten.

Wie sieht es mit deinem Narren aus? Bist du bereit, in die Welt der Heilpflanzen einzutauchen? Ihre Korrespondenzen zu den Tarotkarten zu erlernen sowie Wissen über ihre Hauptinhaltstoffe, Verwendbarkeit, Botschaften und magischen Rituale?

Die Heilpflanze: die Wegwarte

Name: gemeine Wegwarte
Botanischer Name: Cichorium intybus
Familie: Korbblütler (Asteraceae)
Standort: an Wegesrändern
Sammelzeit: Juli – September, die Wurzeln im Herbst
Anwendung: bei Appetitlosigkeit und Verdauungsbeschwerden
Verwendbare Pflanzenteile: Blüten und Wurzeln
Inhaltsstoffe: Bitterstoffe und Inulin

Die Blume, die der Narr trägt, ist eine weiße Rose, weiß für die Unschuld, Sehnsucht und Leidenschaft. Die Rose ist gemeinhin unser Symbol der Liebe.

Es gibt neben der blauen Wegwarte auch die weiße Wegwarte, die für Leidenschaft und unbefleckte Liebe steht. Daher ist für mich die Blume, die der Narr in der Hand hält, keineswegs die weiße Rose, sondern eine weiße Wegwarte, die eine ähnliche Symbolik wie die weiße Rose trägt, mit dem Zusatz, dass sie die „Pflanze der Wegweisung" ist. Ist das ein Zufall? Nein, für mich nicht.

Wir stehen bei dieser Tarotkarte am Anfang, bei der Null, dem Neubeginn, dem Abenteuer, in einem neuen Abschnitt und dem ersten Kapitel in diesem Buch. Ein Neuanfang, ein Sprung ins Ungewisse, eine riesige Chance, sich zu entwickeln. Bei diesen Worten kribbelt mein Hinterkopf, ich liebe das Neue, das Unbekannte und Chancen! Chancen können dein Leben verändern!

Und so geht es mir auch mit diesem Buch: Ich freue mich, etwas zu erschaffen, was es vorher noch nicht gab: einen Leitfaden zwischen Pflanzen und Tarot, mit kleinen Ritualen für deine spirituelle Weiterentwicklung. Huch, ist das aufregend, und ich fühle mich gerade genau wie der Narr! Allerdings stecke ich gerade meinen Kopf in die Welt der Pflanzen und ihrer Heilkräfte, da habe ich mir zum Glück ein erdendes Thema ausgesucht.

Erdung, das ist nämlich genau das, was dem *Narren* häufig fehlt, denn er schaut in die Luft, ist abgelenkt und möchte losgehen, doch den Weg, der vor ihm liegt, beachtet er nicht. Sieht er die Klippe nicht? Wie tief ist sie wohl? Ich weiß es nicht.

Genau hier hilft die Wegwarte, denn sie säumt den Weg an den trockenen und steinigen Feldwegen. Du siehst ihre blauen Blüten nämlich meist an Wegesrändern und so zeigt sie dir deine Richtung. Gleichzeitig gibt sie dir eine Uhrzeit, denn die Wegwarte gehört zu den so genannten Uhrenblumen. Sie öffnet sich bei Sonnenaufgang gegen Osten und schließt sich wieder, wenn die Sonne im Westen untergeht und es Zeit ist, zur Ruhe zu kommen und die Kräfte für den nächsten Tag zu sammeln. Am nächsten Morgen schultern wir wieder unseren Proviant, pflücken uns eine Wegwarte, die gerade ihr Köpfchen Richtung Osten neigt, und gehen weiter, immer weiter zu unserem Ziel.

Die Wegwarte passt hervorragend zu dem Narren, weil sie dir als Wanderin die Richtung und einen neuen Weg offenbart. Sie steht auch auf der Seelenebene als kraftvolle Wegbegleiterin, sie führt dich, hilft dir, Starres loszulassen und trübe Gedanken verschwinden zu lassen.

Meine Fragen hier an dich: *Was macht dich glücklich? Wofür gehst du los? Welche Chance ist gerade in deinem Leben? Und wo ist dein Weg?*

Dein Green Magic Ritual:

Muckefuck-Kaffee, dein Begleiter für einen Neuanfang

Früher hat man diesen „falschen Kaffee" häufig aufgrund der fehlenden Ressourcen getrunken. Hast du ihn schonmal probiert? Nein? Dann wird es Zeit für etwas Neues & die Reise beginnt:

Die Wegwartewurzeln werden klein geschnitten, in ca. 3-5 mm große Stücke, und getrocknet. Am besten verwendest du die Wurzeln von Sammelstellen, an denen nicht so viele Autos langfahren, ansonsten sind sie einfach in unseren Gärten zu kultivieren. Bitte nimm immer, wenn du dich mit Heilpflanzen noch nicht auskennst oder dir nicht sicher bist, ein Bestimmungsbuch oder jemand Kräuterkundigen mit!

Wegwartsamen kannst du nach dem letzten Frost in einen nährstoffarmen Boden in deinen Garten oder auf einem Feld in die Erde geben. Sie brauchen so gut wie keine Pflege, nur ab und zu mal ein bisschen Wasser – passend zur Tarotkarte, auf der auch nicht so viel Wasser zu sehen ist.

Die Wurzeln lasse ich an der Luft 2 Tage trocknen, alternativ kannst du den Backofen nutzen und sie bei 40 Grad 2 Stunden in den Backofen tun. Nach der Trocknung dürfen sie geröstet werden, dafür nimmst du eine Pfanne ohne Öl und ca. 3 Esslöffel von deinen Wegwartewurzeln, sie dürfen nicht anbrennen, also immer schön wenden. Wenn sie ihr Röstaroma verbreiten, kannst du die Wurzelstücke aus der Pfanne nehmen und wie normale Kaffeebohnen in einer Kaffeemühle mahlen. Schwups brühst du sie mit heißem Wasser auf und gibst ein wenig Milch oder Milchalternative dazu, peppst alles mit Zimt oder Cacao auf und gibst dem Neuem eine Chance.

Was meinst du? Wie war die neue Erfahrung für dich?

Alternativ gibt es auch einen tollen, wilden Kaffee zu kaufen, mit Löwenzahn, Bucheckern und der gemeinen Wegwarte.

1

Der Magier und die Gundelrebe

Glechoma hederacea

Inspiration, Spiritualität, Magie, Manifestation; die fünf Elemente: Feuer, Wasser, Luft, Erde und Spirit

Astrologische Zuordnung: Merkur

Der Magier steht als erste Karte für die Manifestation unserer Möglichkeiten und trägt die Zahl 1. Er hat alle Mittel zur Hand, um seine Wünsche zu manifestieren. Sein Tatendrang wird symbolisiert durch den Stab, der dem Element Feuer zugeordnet wird. Die Emotionen, die durch das Element Wasser verkörpert werden, sind als Kelch symbolisiert. Ruhe und Kraft sowie alles Materielle durch die Münze, Element Erde, und seine Kommunikation, dem Element Luft zugeordnet, erkennen wir als Schwert. Das letzte Element, welches wir oft vergessen, seinen Geist, seinen Spirit, hält der Magier hoch empor in die Luft und verbindet dadurch unsere Welt mit dem Universum.

Die Tarotkarte *Der Magier* zeigt uns, dass wir alles in uns haben, wir selbst die Manifestor*innen unseres Lebens sind. All die Weisheit tragen wir schon in uns, wir dürfen daraus schöpfen, anfangen, uns zu vertrauen und unseren eigenen Weg zu gehen.

Die Heilpflanze: die Gundelrebe

Die Zahl 1 symbolisiert den Frühling: Wir befinden uns in der ersten Jahreszeit, kommen in unsere Kraft, was auch mit dem keltischen Jahreskreisfest Beltane zelebriert wird. Beltane ist die Hochzeit zwischen dem Himmel und der Erde, die Verbindung von allem, genauso weist der Magier, der seinen Zauberstab emporhebt in den Himmel, mit seiner anderen Hand in Richtung Erde. Er verbindet beides, es fließt durch ihn durch.

Unsere Heilpflanze für den *Magier* wird auch dem Frühling zugeordnet und ist eine passende Begleiterin für ihn.

Name: Gundelrebe, Hexenkraut
Botanischer Name: Glechoma hederacea
Familie: Lippenblütler, Lamiaceae
Sammelzeit: März – Juni
Standort: Sonnig/Halbschatten, sie ist eine der Pflanzen, die die Nähe zu Menschen sucht und oft im Hof oder Garten zu finden ist.
Inhaltsstoffe: Gerbstoffe, Vitamin C, Bitterstoffe
Anwendung: einer der Hauptbestandteile der Gründonnerstagssuppe
Verwendbare Pflanzenteile: Blüten und Blätter

Unsere Begleiterin des Magiers ist eine Heilpflanze, die die Farbe der Magie trägt: Lila. Eine Heilpflanze, die den Frühling empfängt und die Hellsichtigkeit schärft: die Gundelrebe, auch Gundermann oder Erdefeu genannt. Lila entsteht durch das irdische Rot und dem himmlischen Blau: beides gegensätzliche Farben und in vielen Kulturen als weiblich und männlich verstanden. Vereint ergeben sie etwas ganz Neues, eine Farbe, die etwas Tiefgründiges, Mystisches und Vielfältiges ausstrahlt wie der *Magier* im Tarot.

Der Name „Gund" kommt aus dem Altgermanischen und bedeutet „Eiter", was darauf verweist, dass die Gundelrebe in der Phytotherapie auch bei eitrigen Erkrankungen verwendet wird, bei schlecht heilenden Wunden, Entzündungen oder auch bei sogenannten „Steinleiden" wie Gallensteine oder Nierensteine. Daher stammt auch ein bekannter Name für das Kraut: Steinumwickler.

Die Gundelrebe ist in der spirituellen Welt als magische Pflanze angesehen und wird vor allem bei dem bekannten keltischen Frühjahrsfest Beltane als wunderschöner Kranz auf dem Kopf getragen. Wer diesen Kranz an Beltane trägt, so besagen die Legenden der Kelten, wird alle bösen Hexen anhand ihres Blickes erkennen. Daher wird die Gundelrebe auch als Kraut verwendet, um Böses abzuwehren und die Hellsichtigkeit der*s Träger*in zu schärfen.

Wenn ich den *Magier* ziehe, ist es für mich wichtig, an diesem Tag ein kleines Ritual für mich zu vollziehen: Es bedeutet für mich, mich mit meiner inneren *Witch* zu verbinden, mit meiner eigenen Magie. Vor meiner Tür wächst die Gundelrebe, ich pflücke dann ein bis zwei Stängel und stecke sie mir hinter mein Ohr oder flechte sie mir ins Haar. Mit meinem magischen Kopfschmuck verbinde ich mich mit der Natur, denn aus der Erde schöpfe ich meine Energie. Ich spüre, wie der Wind (Schwerter) durch meine Haare weht, den Boden (Münzen) unter meinen Füßen, vielleicht noch ein wenig feucht vom Morgentau. Meine Intention, die Zeit nur für mich zu nehmen (mein Feuer) und mich mit meinem Innersten zu verbinden, mit meinen Gefühlen (Kelche). Unterstützt werden meine Sinne durch die Gundelrebe, da diese die Verbindung zwischen unserer Welt und der spirituellen Welt öffnet, mir die Sinne schärft und meine Fähigkeiten stärkt. Wie der Magier ebnet mir die Gundelrebe einen Weg, den Ahnen und Göttern nah zu sein.

Ich hoffe, dass du genauso wie ich jetzt Lust hast, ein wenig Magie zu praktizieren!

Dein Green Magic Ritual:

Flechte einen Gundelrebenkranz

Miss zuerst deinen Kopf mit dem dicken Draht ab und schneide ihn ab. Um diesen Draht wickelst du Kreppband, damit die Blumen besser halten. Lege die Blüten der Gundelrebe und auch gerne andere Blüten, die du schön findest, aneinander und binde kleine Sträuße, dazu verwendest du den dünnen Draht.

Nun kannst du die Sträuße mit dem dünnen Draht an den dicken Draht binden, bis dieser komplett gefüllt ist. An den Enden des dicken Drahtes kannst du schöne Bänder zum Zubinden verwenden und den wunderschönen Kopfschmuck aufsetzen. Fühle nun deine innere Witch!

DU BRAUCHST:

- einen Korb zum Sammeln,
- eine Schere oder scharfes Messer,
- einen dünnen und einen dicken Wickeldraht,
- Kreppband,
- Bänder zum Verzieren.

II

Die Hohepriesterin und der Beifuß

Artemisia vulgaris

Innere Weisheit, Dualität, Spiritualität, Mystik, Weiblichkeit

Astrologische Zuordnung: die Mondin

Zwischen zwei Welten sitzt die *Hohepriesterin* und hat ihre Weisheit in Form der Thora in ihren Händen, sie trägt das Licht und die Dunkelheit in sich. Ihr Wissen und ihre Mystik führen dich zu deiner eigenen Wahrheit …

Wenn du diese Karte ziehst, ist es an der Zeit, deine Arbeit kurz ruhen zu lassen und nach innen zu schauen. Einkehr, Mystik und Weiblichkeit verkörpert diese Karte und den Rückzug in uns selbst.

Wann hast du das letzte Mal ein kleines Ritual nur für dich gemacht? In dein Tagebuch geschrieben, eine Traumreise erlebt oder einfach mal meditativ den Kerzenschein betrachtet? All diese vermeintlich einfachen Dinge helfen dir, deinen eigenen Seelenweg zu finden. Das bedeutet, präsent zu sein, was die Hohepriesterin meistert. Sie ist wie eine weise Hebamme, die der Mutter hilft, ihr Kind zu bekommen, indem sie beobachtet, „den Raum hält“, wie man heutzutage in spirituellen Kreisen sagt. Die Energie der *Hohepriesterin* hilft dir, wenn du in eine völlig verkehrte Richtung läufst oder in einer Situation bist, die du nicht bearbeiten kannst und Hilfe von außen benötigst.

Die Heilpflanze: der Beifuß

Uns Frauen ist es vorbehalten, die Kraft der Menstruation zu fühlen und diese sogar mit dem Mondzyklus in Einklang zu bringen. Auch das symbolisiert die *Hohepriesterin*, was man an ihrer Krone, bestehend aus drei Mondinnen - der zunehmenden Mondin, der abnehmenden sowie der Vollmondin, die Geburt, die Fruchtbarkeit und den Tod - erkennt.

Aufgrund dieser Krone wird die *Hohepriesterin* mit der griechischen Göttin Hekate verglichen, da diese genauso zwischen den Welten steht wie sie zwischen den Säulen Boas und Jachin: Licht und Dunkelheit, Leben und Tod.

Ich schreibe hier „Mondin" (la Luna), weil in allen anderen Kulturen der Mond als etwas Weibliches, Mütterliches sowie Mystisches deklariert ist und die Sonne (le Sol) als die männliche herrschende und wärmende Kraft. Daher möchte ich hier den Mond in ihre wahre Bestimmung, die „Mondin" taufen. Ganz bewusst habe ich dafür diese Karte gewählt, weil sie die weibliche Urkraft und Göttin symbolisiert.

Der wunderschöne Beifuß ist ein altes magisches Hexenkraut und wurde der griechischen Göttin Artemisa, der Göttin des Waldes, der Jagd und auch der Mondin zugesprochen. Diese magische Pflanze wurde früher zur Steigerung der Fruchtbarkeit, aber auch zum Herbeiführen eines Aborts genutzt.

Warum steht der Beifuß für die *Hohepriesterin*? Der Beifuß ist eine Göttliche Pflanze, er wird der Mondin zugeordnet und beherrscht die Dualitäten unserer Erde, das Leben und den Tod - die Hohepriesterin trägt auch die Zahl 2 und steht für die Dualität des Lebens und des Todes.

Name: gewöhnlicher Beifuß
Botanischer Name: Artemisia vulgaris
Familie: Korbblütler/Asteraceae
Sammelzeit: der Blüte im Juli bis in den Herbst
Standort: meist an sonnigen Plätzen, Feldwegen
Inhaltsstoffe: Ätherische Öle und Bitterstoffe, Thujon (Achtung, in hohen Konzentrationen von 0.5 mg/kg Körpergewicht giftig!)
Anwendung: bei Menstruationsbeschwerden und als rituelles Schutzkraut
Verwendbare Pflanzenteile: Blühendes Kraut

Der Beifuß wird als Mutter aller Kräuter bezeichnet. Dennoch hat er heutzutage in der Phytotherapie kaum noch Relevanz, ein oder zwei Mal habe ich in der Apotheke erlebt, dass er zum Auslösen der Periode verwendet wurde.

Früher hing man Beifuß am Geburtsbett als Schutz für die Geburt auf und er wurde auch den Toten beigelegt, damit die Seele leichter in die Anderswelt gleiten konnte. Schau dir nun nochmal die Krone der *Hohepriesterin* an, die drei Mondinnen, Geburt, Fruchtbarkeit und Tod, all das spiegelt sich im Beifuß wider, er schützt die Seele der werdenden Mutter, fördert die Menstruation, die Fruchtbarkeit und hilft den Seelen, in die Anderswelt zu gleiten.

Als traditionelles Räucherkraut ist er noch sehr bekannt, aber er ist zudem eine starke Schutz- und Zauberpflanze und wird als um die Hüften geflochtener Gürtel zur Sommersonnenwende getragen. Dieser Gürtel wird dir helfen, deine eigene Weisheit und deinen Seelenweg zu sehen. Keltische Legenden besagen, dass du vor Krankheiten und müden Beinen geschützt bist, wenn du mit einem geflochtenen Beifußgürtel über dein Mittsommerfeuer springst und diesen danach im Feuer verbrennst.

Dein Green Magic Ritual:

Räucherbündel mit Weisheiten

Sammle dir in der Blütezeit des Beifußes einen kleinen Vorrat an, binde immer eine Handvoll Beifuß mit einer Wollschnur am Ende zusammen und hänge diesen an einem dunklen Ort auf, damit er trocknen kann.

Schreibe dir auf einen kleinen Zettel deine Weisheiten auf: *Was hast du in deinem Leben erlebt, was dich weiser gemacht hat? Wo darfst du innere Weisheit noch erlangen? Und was löst in dir die Karte Die Hohepriesterin aus? Wie sieht dein Seelenweg aus? An welcher Stelle schaust du deine innere Wahrheit noch nicht an? Was darf in dir sterben (Krone: abnehmender Mond), was darf dich erfüllen (Krone: zunehmender Mond), wo darfst du präsent sein (Krone: Vollmond)?*

Dann bündele diesen Zettel in dein Räucherbündel, indem du 40 % frischen Beifuß nimmst und 60 % vorgetrockneten Beifuß, es reicht eine gute Handvoll von dem Zauberkraut, deinen Zettel legst du in die Mitte deines Räucherbündels. Nun kannst du mit einer Baumwollschnur von unten nach oben und dann gekreuzt von oben nach unten dein Bündel umwickeln. Immer dann, wenn du dich nach der *Hohepriesterin* oder einer anderen Göttin der Mondin sehnst oder dich mit ihr verbinden willst, entfache dieses Räucherbündel und nimm dir wieder Zeit nur für dich. Vielleicht sogar in der freien Natur unter der Mondin …

DU BRAUCHST:

- Zettel, Stift
- getrockneten Beifuß
- Wollschnur

III

Die Herrscherin und der Apfel

Malus

Weiblichkeit, Harmonie, Fülle, Liebe, Stärke, Fruchtbarkeit

Astrologische Zuordnung: Venus

Die *Herrscherin* ist die unerschöpfliche Kraft der Natur, sie verkörpert die Fruchtbarkeit und das Wachstum. Ihre Weiblichkeit, Schönheit und ihre Intelligenz führen uns wieder zurück zu unserer Mutter Erde, Gaia. Sie ist der Inbegriff von Fülle, Liebe und grenzenloser weiblichen Macht. Eine Pflanze für die Mutter der Erde zu finden, war für mich gar nicht so leicht.

Sie ist die Herrscherin und ihre Attribute stehen für Stärke, Ästhetik, Reichtum, Weisheit und Ausdruck, da wollte ich etwas Besonderes finden: eine Frucht, die Sex, Weiblichkeit und Fülle ausdrückt und die bei uns in Deutschland prächtig gedeiht. Ich lebe auf dem Hof meiner Freundin, die eine ganz besondere Frucht anbaut, die wir sicherlich alle einmal gegessen haben: Sie kann süß sein, aber auch sauer oder lieblich. Wir essen sie roh, backen sie in Kuchen oder machen Saft aus ihr. Aus ihrer wundervollen Blüte wird nach der Befruchtung eine runde, schöne Frucht: Die Rede ist von dem Apfel.

Die Heilpflanze: der Apfel

Wenn wir uns diese Frucht genauer ansehen, erkennen wir, wie viel Fülle und Reichtum in ihr steckt. Sie kann rot, gelb, grün oder eine Mischung aus den Farben sein, es gibt sie in sämtlichen Geschmacksrichtungen, die Blüte lockt eine Unmenge an Bienen an. Jedes Jahr zieht die Apfelblüte viele Touristen an, die staunend die hellrosa Blüten des Rosengewächses begutachten. Voller Schönheit färbt sie ganze Landstriche in ein rosa-weißes Blütenmeer. In dieser Frühlingszeit summt, brummt es überall und die Natur ist voller Sexualhormone: Was kann der Karte *Die Herrscherin* näher sein als eine Blüte, die im Herbst ihre Früchte trägt und ruft: Pflücke mich, ich nähre dich und schenke dir meine Lebensenergie??

Name: Apfel
Botanischer Name: Malus
Familie: Rosengewächse, Rosaceae
Sammelzeit: Ende August – Oktober
Standort: Am besten gedeihen sie im Alten Land ...
Inhaltsstoffe: Vitamin C
Verwendung: zum Genießen. Extrahierte Inhaltsstoffe wie Vitamin C werden in der Kosmetik verwendet, geriebener Apfel ist ein altes Hausmittel gegen Durchfall und Apfelsaft mit Salz hilft, unseren Elektrolythaushalt wieder aufzufüllen
Verwendbare Pflanzenteile: Blüten und Frucht

Der Apfel ist für mich der Inbegriff des Lebens und der Fruchtbarkeit. Liebesgöttinnen wurden mit dieser Frucht früher dargestellt, Lilith hat Eva mit einem Apfel verführt, um ihr zu zeigen, dass es mehr gibt, als einem Mann unterstellt zu sein. Im Garten Eden gab es nämlich schon vor Eva ein weibliches Wesen. Lilith, Adams erste Frau. Der Legende nach hatte Gott Lilith und Adam aus Lehm erschaffen und ihnen den Lebensatem eingeblasen. Lilith war Adam völlig ebenbürtig und gleichberechtigt. Lilith wollte sich Adam nicht unterordnen und floh aus dem Paradies, dies ist auch der Grund, warum sie laut Legende bei Gott in Ungnade gefallenen ist, sie wurde zur ersten sogenannten „Hexe". Da Adam so traurig war, keine Frau mehr zu haben, schuf Gott aus der Rippe von Adam Eva, seine neue Frau, welche mit voller Hingabe Adam unterstand. Lilith gelang es aber, als Form einer Schlange in den Garten Eden zurückzukehren, und bot Eva die verbotene Frucht des Paradiesbaumes an, den Apfel. In der Herrscherin werden Eva und Lilith

meiner Meinung nach vereint, die mütterliche und liebevolle Seite von Eva und die starke Kraft von Lilith. Durch die Vollkommenheit aller Aspekte können wir zu der liebevollen und herrschenden Frau wie auf unserer Tarotkarte werden.

Weitere unzählige Mythen und Sagen ranken sich um den Apfel. Böse sowie gute. Doch es gibt immer Yin und Yang, das Gute und das Böse. Das eine kann ohne das andere gar nicht existieren, und dies lehrt uns die Karte *Die Herrscherin*. Wenn du diese Karte ziehst, führe dir vor Augen: Lebst du schon in deiner Weiblichkeit und in deiner Fülle? Welches Pflänzchen darfst du noch gießen, damit es dir später Früchte trägt? Und dann hole dir einen wunderschönen Apfel …

Apropos Frucht, hast du die kleine Wölbung bei der Herrscherin gesehen?

Dein Green Magic Ritual:

Achtsamkeitsübung

Nimm dir deinen Lieblingsapfel in die Hand, schau dir den Apfel ganz genau an.

Welche Farbe hat er? Ist er saftig rot? Oder grün wie die Erde und all die Kraft des Sommers steckt darin?

Welche Schale hat er?

Hat er vielleicht auch ein paar Macken?

Wie riecht er?

Und wenn du jeden Zentimeter deines Apfels gesehen hast, dann frage dich, was Fülle für dich bedeutet:

Heißt es, viel Liebe erfahren zu dürfen?

Viel Geld zu besitzen?

Deinen Garten wachsen und gedeihen zu sehen?

Oder ein Abendessen, welches du für deine Liebsten gezaubert hast?

Wenn du dir deine Fülle kreiert hast, darfst du in den Apfel beißen, den Saft schmecken, der dir vielleicht vom Kinn rinnt, und die Geschmacksexplosion fühlen. Und dir immer wieder deine Fülle vor dein inneres Auge führen. Gib das Apfelgehäuse gerne der Mutter Natur zurück, wer weiß, was die Natur damit macht?

Bei diesem Ritual ist es wichtig, dass du es in vollkommener Präsenz ausführst. Im Hier und Jetzt, mit all deinen Sinnen. Du kannst jede beliebige Frucht oder Gemüse für diese Übung nehmen, Schokolade oder ritueller Cacao ist auch wunderbar. Nimm etwas, das dich nährt, dir schmeckt und du bereit bist, mit allen deinen Sinnen zu erkunden. Es klingt so einfach, doch erfordert es viel Übung, wirklich präsent zu sein.

IV

Der Herrscher und die Königskerze

Verbascum densiflorum

Unnahbar, mächtig, Autorität, Vaterfigur, Struktur, Selbstbewusstsein

Astrologische Zuordnung: Widder

Wie war deine Beziehung zu deinem Vater? Meine war hart, sehr hart. Er war der Herrscher und auch der Herrscher über mich. An ihn konnte ich nicht herankommen. Er saß auf seinem Thron und hat über seine Familie geherrscht. Diese Karte macht mir immer ein wenig Angst, es steckt etwas Hartes und Unausweichliches in ihr. Das ist die sogenannte Schattenseite der Karte, wenn die Macht zur Unterdrückung verwendet wird. Jede Karte hat eine Schattenseite, egal, wie positiv wir sie sehen, genauso hat jede vermeintlich negative Karte positive Aspekte.

In meinen Leben durfte ich auch andere Väter kennenlernen, die ihre Sturheit auch in eine sanfte liebliche Zuwendung verwandeln konnten. Die nicht immer Recht haben mussten und mit dem Kopf durch die Wand wollten.

Oftmals tue ich mich aufgrund meiner Kindheit sehr schwer mit dieser Karte, dabei können wir auch so viel Positives von ihr lernen:

- Unsere Meinung zu vertreten,
- Neider, Neider sein lassen und unseren Weg weiterzuverfolgen,
- Ernsthaftigkeit und Entschlossenheit,

- für unsere Wünsche und Gefühle einzustehen und nicht alles anzunehmen, was andere über uns sagen,
- Verantwortung zu übernehmen,
- unsere Stimme zeigen zu dürfen.

Die Karte *Der Herrscher* zeigt uns, was Halt und Struktur bedeutet. Ein guter Herrscher kann Menschen (oder auch Untertanen) eine Struktur vorgeben, die wichtig für sie ist, um sich wie eine Rankenpflanze emporzuranken, sich komplett zu entfalten und irgendwann ohne Stütze zurechtzukommen. *Der Herrscher* kann eine Person sein, die dir einen gefestigten Boden schenkt und dein Fels in der Brandung ist.

Name: Wollblume, großblütige Königskerze
Botanischer Name: Verbascum densiflorum
Familie: Rachenblütler, Scrophulariaceae
Sammelzeit: Hochsommer
Standort: trocken, sandig, steinig, durchlässiger Boden
Inhaltsstoffe: Saponine, Schleimstoffe, Flavonoide
Anwendung: bei Reizhusten, Mandelentzündungen
Verwendbare Pflanzenteile: Blüten

Die Heilpflanze: die Königskerze

Die Königskerze hat grundständige Blattrosetten, welche dicht behaart sind. Aus ihnen wächst ein ca. 1-1,5 Meter hoher Stängel mit vielen kleinen, gelben, traubenartigen Blüten. Diese Pflanze ist mehrjährig und blüht erst im zweiten Jahr. Ein wunderschöner Trivialname dieser Pflanze ist auch Wollblume, weil sie flauschige Blätter hat.

Ich fuhr eine Zeit lang jeden Tag an dieser majestätischen Pflanze vorbei, sie wuchs am Straßenrand auf dem Weg zu meiner Arbeit. Bei ihrem Anblick habe ich immer wieder gedacht, dass sie wie ein Herrscher, ein König mitten auf dem Fußweg wächst, dort, wo sich nicht mal der Löwenzahn behaupten kann, der doch sonst überall durchkommt. Immer höher und höher wuchs der Blütenstängel, bewegte sich aber kaum im Wind. Während die Bäume ihre Äste im Wind wiegten, blieb die Königskerze starr. Groß, mächtig, klar und voller Stabilität. Wie der *Herrscher* schaute sie auf die Straße, und ich hatte das Gefühl, von ihr bestärkt zu werden: „Geh deinen Weg und übernimm Verantwortung für dein Leben!"

Die Königskerze kann außerdem auch Dürreperioden gut überstehen, da ihre Blätter am Boden so angeordnet sind, dass Regen hineinläuft und sich dort sammelt. Sie braucht steinigen bis sandigen Boden wie der *Herrscher*, der auf seinem felsenartigen Thron sitzt.

Ein weiterer Grund, warum ich diese Pflanze gewählt habe, sind ihre Inhaltsstoffe: Saponine werden in der Phytotherapie gegen trockenen (Reiz-)Husten eingesetzt, wie ein schützender Film legen sich die Schleimstoffe auf die Mund- und Rachenschleimhaut. Denn unsere mächtigste Waffe - das weiß auch der *Herrscher* - ist unsere Stimme, die wir immer gut schützen dürfen. Die Saponine helfen, gereizte Stimmbänder und Husten zu lindern. Dafür wird meist aus den Blüten ein Tee gekocht.

Dein Green Magic Ritual:

Zauber für deinen Herrscher (gut für Gehaltsverhandlungen)

Die 5 Königskerzenstängel ordnest du wie ein Pentagramm auf dem Boden vor dir an. In die Ecken legst du deine Kristalle hin oder legst sie frei. Deine Kerze salbst du mit Olivenöl ein und rollst sie in deine Kräuter, dann platzierst du sie in die Mitte deines Pentagramms, genauso wie die Karte *Der Herrscher*. Es ist sehr wichtig, dir eine Absicht für das Ritual zu überlegen: Welche Attribute des *Herrschers* möchtest du einladen? Wo möchtest du mehr Struktur? Wann möchtest du dich abgrenzen? Aber auch: Wie viel Geld möchtest du in deiner Verhandlung aushandeln und wie möchtest du diese führen?

Wenn du deine Vorsätze gefunden hast, die für dich richtig und wichtig ist, sowie keinen anderen Menschen schaden, darfst du deine Kerze entzünden. Bleibe die ganze Zeit bei dem Prozess und beobachte deine Flamme, *was erkennst du in ihr? Was fühlst du? Gibt die Kerze dir Hinweise?* Schreibe deine Gedanken erst auf, wenn die Kerze komplett heruntergebrannt ist.

Achte bitte darauf, dass aufgrund der Kräuter die Kerze etwas höher brennen kann und auch ein wenig rußen kann.

DU BRAUCHST:

- eine Kerze, orange oder gelb durchgefärbt, bei Geldangelegenheiten grün (30 min Brennzeit, gibt es in gut sortieren spirituellen Läden oder online)
- 5 Königskerzenblütenstängel, ungefähr gleich groß
- eine halbe Handvoll Königskerzenblüten, getrocknet und klein geschnitten
- Olivenöl
- getrocknete und klein geschnittene Kräuter wie: Rosmarin, Damina, Tabak
- Kristalle, die du mit „Grenzen setzen, Schutz und Autorität" verbindest, zum Beispiel: Malachit, Apatit, Heliotrop und bei Gehaltsverhandlungen gerne Pyrit
- die Karte *Der Herrscher*
- Kerzenständer und Streichhölzer. Sand zum Ersticken der Flamme, falls du sie ausmachen möchtest.
- Ein guter Zeitpunkt für dieses Ritual ist der zunehmende, in einem Erdtierkreiszeichen stehende Mond.

V

Der Hierophant und der Salbei

Salvia officinalis

Suche nach der inneren Lehrerin oder Lehrer, Lernen, Weisheit, Heilung, Spiritualität, Religion, Institution

Astrologische Zuordnung: Stier

Der Name *Hierophant* kommt aus dem Griechischen und bedeutet so viel wie: „Enthüller der heiligen Geheimnisse". *Der Hierophant* ist wie ein weiser Medizinmann oder Schamane, er gibt gerne sein geheimes Wissen weiter und lehrt dich die Dinge, die du für deinen Weg brauchst, aber auch nicht mehr. Er mischt sich nicht in deinen Lebensweg ein, er zwingt dir keinen Willen auf. Seine zwei sich kreuzenden Schlüssel versinnbildlichen, dass er mit der spirituellen und der weltlichen Ebene gleichermaßen verbunden ist und all ihre Geheimnisse kennt. Er repräsentiert durch seine drei Kreuze, seine dreifache Krone und seinen dreifachen Hirtenstab die Dreiteilung in Körper, Geist und Seele.

Diese Karte gehört zu den Schutzkarten und weist uns darauf hin, sowohl uns selbst zu vertrauen als auch unserem eigenen Seelenweg. Sie ruft dich dazu auf, deinen spirituellen Lehrer oder Lehrerin aufzusuchen und dich weiterzuentwickeln. Sei es in dir selbst oder im Außen.

Die Karte *Der Hierophant* will dich motivieren, in dich zu gehen und dir Fragen zu stellen: *Welches Ritual hast du eventuell schleifen lassen? Wie sieht es mit deinen Lehrer*innen, deinen Begleiter*innen aus, dienen sie dir und deinem Weg noch? Wie fühlst du dich momentan? Welchem Wertesystem folgst du?*

Die Heilpflanze: der Salbei

Ein besonderes Schutzkraut ist der Salbei, er reinigt deine Seele, schützt deinen Körper und klärt durch Räucherrituale die Luft wieder auf. In der Phytotherapie wird Salbei gegen Entzündungen im Mundbereich und zum Abstillen verwendet. Außerdem hilft Salbei innerlich als Tee oder Tablette gegen übermäßiges Schwitzen.

Oftmals bedienen wir uns an dem weißen Salbei, der von indigenen Völkern angebaut wird und mit deren Kultur sehr eng verwoben ist. Warum nehmen wir nicht den blau blühenden Wiesensalbei für unsere eigenen Rituale, der bei uns wächst? Vielen ist nicht bewusst, dass unsere heimische Natur so viel zu bieten hat und der heimische Salbei ähnliche Kräfte wie der indigene weiße Salbei hat. Spiritualität bedeute für mich auch, seine Handlungen zu überdenken. Wenn wir uns vorstellen, dass der weiße heilige Salbei von indigenen Völkern geerntet wird, für häufig wenig Geld gebündelt wird und den langen Flug zu uns nach Europa aufnimmt, beim Großhändler lagert und dann irgendwann bei uns in unserem Wohnzimmer landet: Wie viel Energie hat er dann noch? Im Gegensatz zu einer Pflanze, die du selbst erntest oder von einer heimischen Kräuterfrau geerntet wird?

Name: echter Salbei
Botanischer Name: Salvia officinalis
Familie: Lippenblütler, Lamiaceae
Sammelzeit: ganzjährig, Blüte: Juli–August
Standort: trockener Boden, sonnig
Inhaltsstoffe: ätherisches Öl, Thujon (Achtung, in hohen Konzentrationen giftig, Salbei als Tee oder Tinktur sollte nicht länger als eine Woche zu sich genommen werden), Gerbstoffe
Anwendung: bei Entzündungen, Hyperhidrose, Magen- und Darm-Beschwerden
Verwendbare Pflanzenteile: Kraut

Der heimische blaublühende Wiesensalbei passt für mich sehr zu unserem Hierophanten. Wenn ihr den Salbei der indigenen Völker nutzt, bitte ich euch, es mit Hingabe, Zurückhaltung und Ehre zu machen. Ich selbst habe verschiedene Salbeipflanzen in meinem Garten angebaut, um meinen Ahnen näher zu sein, denn auch die Hexen und Druiden vergangener Zeiten haben dieses Kraut für ihre Zeremonien genutzt, zum Beispiel den Wiesensalbei, der besonders schön leuchtet. Die Pflanze lässt sich sehr gut auf unseren deutschen Böden kultivieren.

Wir können den Salbei wunderbar als spirituellen Lehrer nutzen: sein Name stammt von lat. „salvere", was so viel wie „heilen" bedeutet. „Reinigen" und „Heilen" sind für mich wichtige Begriffe, wenn wir mit Ritualen arbeiten. Durch die Reinigung von festgefahrenen Glaubenssätzen, alten anhaftenden Energien oder materiellen Dingen können wir wieder Neues erfahren, das „Göttliche" in uns empfangen, unsere spirituellen Lehrer*innen einladen, um Heilung zu erfahren, um auf eine neue und höhere Ebene zu kommen. Der *Hierophant* weiß, was wir körperlich und geistig benötigen, um uns gänzlich zu entfalten. Aus diesem Grund habe ich ein Reinigungsritual geschrieben, um unseren Tempel zu reinigen und um die Weisheit und Heilung zu erlangen, welche wir uns wünschen. Du kannst es immer durchführen, wenn dir *Der Hierophant* in deinen Legungen erscheint.

Dein Green Magic Ritual:

Salbeikräuter bündeln und Reinigungsritual

Eine Pflanze, die auf jeden Fall in jedem Hexengarten zu finden sein sollte, ist unsere Schutzpflanze, der Salbei. Nicht nur, um unserer Küche den nötigen Pfiff zu geben, sondern auch zum Räuchern für besondere Schutzkreise oder auch zum Ausräuchern des Hauses nutze ich Salbei. Ich binde meine Räucherbündel aus 60 % vorgetrockneten Kräutern und 40 % frischen Kräutern, damit sie dann beim vollständigen Trocknen nicht so in sich zusammenfallen. Das ist nur ein Tipp, und du kannst gerne auch anders vorgehen. Ich sammle den Salbei gerne in der frühen Mittagszeit, wenn er seine ätherischen Düfte in meinem Garten verströmt, am liebsten einen Tag nach einem Regenschauer. Für mich hat er dann die meiste Energie. Das Bündeln versetzt mich immer in einen meditativen Zustand, falsch machen kannst du dabei nichts. Nimm deinen Salbei in deine Schreibhand und halte ihn fest, wickele dann mit einer Baumwollschnur von unten nach oben und dann von oben nach unten mit genügend Zug den Salbei ein. Es muss schön fest sein, damit dein Salbei nicht herausfällt. Hänge ihn dann an einem dunklen, trockenen Ort zum Trocknen auf und schon hast du dein schönes Salbeibündel, das du für alle Schutz- und Reinigungsrituale verwenden kannst.

Weitere Hinweise zum Räuchern: s. S. 17-19.

VI

Die Liebenden und die Rose

Rosa

(Selbst-) Liebe, Schönheit, Vollständigkeit, Entscheidung, Schutz

Astrologische Zuordnung: Zwillinge

Die *Liebenden* ist die Karte der Herzensentscheidungen. Sie beflügelt uns auch, sich völlig zu offenbaren, sei es dir selbst oder deiner*m Partner*in gegenüber. Wir sind im Paradies, haben unsere Kleidung und unsere eigenen Grenzen abgelegt und werden auf dem Weg von dem Engel über uns beschützt. Wir haben den Baum des Lebens, der brennt und für die Leidenschaft steht. Und den Baum Edens, der Weisheit, im Paradies mit der Schlange, Lilith, die erste Frau Adams, auf einer Karte. Schutz, Unterwerfung, Liebe, Stärke und Vollständigkeit bedeutet diese Karte.

Sie stellt dir Fragen wie: *Wofür schlägt dein Herz? Bist du mit dir oder mit deiner Partnerschaft glücklich? Bist du zu harmoniebedürftig? Was bedeutet Liebe für dich? Wofür entscheidest du dich?*

Im Wort „Entscheidung“ steckt das Wort „scheiden“ drin. Das wird bei dieser Karte auch deutlich. Viele sehen sie als die absolute Liebeskarte, und eventuell denkst du bei der Heilpflanze, die ich dazu auserwählt habe, auch daran. Doch es ist die Karte der Entscheidung, für sich oder für jemand anderen. Für die Lust und Wildheit der Früchte oder dem ewig Göttlichen (dem Paradies).

Die Heilpflanze: die Rose

Die Karte bedeutet auch wie das Sternzeichen Zwilling Dualität, dargestellt durch die männlichen und weiblichen Attribute sowie die Höhen und Tiefen der Berge und Täler. Das eine bedingt das andere, kann nur durch das andere sein, so wie in der Liebe. Wenn diese Karte fällt, ist es wichtig, Entscheidungen mit deinem Herzen zu treffen.

Name: Rose
Botanischer Name: Rosa
Familie: Rosengewächse, Rosaceae
Sammelzeit: unterschiedlich nach Art
Standort: auf nährstoffreichen Böden, gerne in Kübeln, ggfs. mit Rankhilfe
Inhaltsstoffe: ätherisches Öl
Anwendung: Kosmetik, Düfte, Tee
Verwendbare Pflanzenteile: Blüten

Die Rose ist eine wunderschöne Blume, sie kann solch einen betörenden Duft verströmen und es gibt sie in allen erdenklichen Farben und Formen. Welche ist deine Lieblingsrose? Meine sind Pfingstrosen, sie stehen nämlich für die Selbstliebe, für mich elementar wichtig, denn wie oft vergessen wir, uns selbst Liebe zu schenken?

Rosen werden immer noch an den Herzensmenschen, um seine Liebe auszudrücken, verschenkt, und der kleine Prinz (s. „Der kleine Prinz“ von Antoine de Saint-Exupéry) hat durch seine Rose erfahren, was Schutz, Vertrautheit und Liebe bedeutet.

Rosen sehen so zerbrechlich aus, doch ihre Stacheln schützen sie vor Angreifern und unachtsamen Pflücken. Vielleicht bist du über das Wort „Stacheln“ gestolpert. Umgangssprachlich nennt man die Stachel Dornen, doch botanisch korrekt sind es Stacheln. Der Unterschied ist, dass Dornen eine umgewandelte Sprossachse sind. Sie sind fest mit der Pflanze verankert, wie zum Beispiel bei dem Weißdorn oder Schlehdorn. Stacheln kann man, salopp gesagt, abbrechen. Sie gehören zur Epidermis der Pflanze, Beispiele hierfür sind die Rose oder Brombeeren.

Für mich war es klar, die rote Rose für die *Liebenden* auszuwählen, weil Rosen für Romantik und Zuneigung stehen und die rote Rose als Symbol der Liebe und auch Selbstliebe gilt. Die Rose kann, je nach Anzahl, Farbe oder Sorte, ganz unterschiedliche Gefühle ausdrücken, sie kann „Ich liebe dich" heißen oder auch „Danke für unsere Freundschaft".

DU BRAUCHST:

- Blüte einer Rose
- 2-3 Esslöffel Steinsalz
- kleines Glas o.ä.

Dein Green Magic Ritual:

Selflove-Bath-Salt

Hast du vielleicht ein paar duftende Rosen in deinem Garten? Oder gibt es einen Markt, wo du deine Rosen gerne kaufst? Sind sie rot, weiß oder orange? Welchen Duft haben sie?

Wenn du keine Badewanne hast, kein Problem, habe ich auch nicht. Ich nehme mir eine Schale mit meinem Salz mit in die Dusche, feuchte meine Haut kurz mit Wasser an und peele sie mit dem Salz ab. Manchmal gebe ich noch ein paar Tropfen Honig dazu, um ein noch schöneres Hautgefühl zu erleben, oder zaubere mir ein wunderschönes Fußbad damit.

Zupfe für dein Selflove-Bath-Salt jedes einzelne Blütenblatt deiner Rose ab (eine üppige Blüte reicht vollkommen), gebe in einen Mörser eine Hand voll Blütenblätter und 2- 3 Esslöffel Salz, nimm den Stößel und zerbrich die kleinen Salzkristalle. Dafür eignet sich vor allem grobes Steinsalz, oftmals ist Meersalz mit Mikroplastik verschmutzt.

Mörsere so lange, bis dein Salz die Konsistenz hat, die du dir wünschst, wenn du eine kräftigere Farbe möchtest, füge noch gerne Rosenblütenblätter dazu. Fülle nun dein Vollbad/Fußbad ein oder nimm dein Salz mit in die Dusche, wenn du noch einen Rosenquarz hast, nimm ihn gerne mit dazu, er stärkt diesen Selbstliebeprozess ebenfalls. Vielleicht hast du auch eine Gusha aus Rosenquarz, um dieses Ritual zu intensivieren, ein Rosenquarzdildo kann uns Frauen auch eine große Lust verschaffen. Entweder verwendest du das Salz als Peeling für deinen wunderschönen Körper oder du streust es in das Badewasser und legst dich genüsslich hinein. Wichtig ist, dass du dir dabei die Zeit nimmst. Es ist deine Zeit.

Dieses Ritual eignet sich wundervoll auch dafür, es zu zweit mit deiner*m Partner*in zu genießen, vielleicht, wenn du *Die Liebenden* gezogen hast. Nehmt euch Zeit für eure Liebe, lasst vielleicht sogar ein paar Rosenblätter auf der Wasseroberfläche tanzen, dekoriert das Bad mit Kerzen und schenkt euch eure gemeinsame Zuneigung. Wichtig: Elektronische Geräte beiseitelegen.

Ich verwende immer frische Rosenblütenblätter und stelle dann meist für ein ganzes Jahr dieses Bath Salt her. Dafür trockne ich das Salz einen Tag lang und fülle es in Gläser ab. Du kannst auch gerne in der Blütezeit deine Rosen trocknen und dann immer frisch zaubern, entscheide dich da ganz nach deinem Gefühl.

VII

Der Wagen und der Rosmarin

Rosmarinus officinalis

Der Weg ist das Ziel, Aufbrechen, Selbsterfahrung, Einigkeit, Zielstrebigkeit, Fortschritt

Astrologische Zuordnung: Krebs

D*er Wagen* ist die Karte des Aufbruchs, des Losgehens, der Zielstrebigkeit, Durchsetzungsstärke und des Neubeginns. Wir sehen hier einen Wagenführer, der voller Zuversicht und Energie losfahren möchte, er ist bereit, seinen eigenen Weg zu bestreiten und sich für seine Ziele einzusetzen. Wenn du diese Karte ziehst: Spürst du, wie du deinen Koffer packst, deine Sphinxen sattelst, in deinen Wagen steigst, das Gepäck verstaut hast und bereit bist, loszufahren?

Und jetzt? Ziehen beide Sphinxen in dieselbe Richtung? Kannst du den Wagen führen? Weißt du den Weg? Was sagt dein Verstand und was dein Herz? Willst du wirklich das Altbekannte hinter dir lassen oder ist dir das zu gefährlich?

Die Karte *Der Wagen* trägt beides in sich, das Losfahren, aber auch die Innenschau, denn jeder Start beginnt mit der Frage: Und jetzt? Doch manchmal müssen wir nicht alles zerdenken und jedes kleinste Detail planen. Oftmals geht es einfach darum, loszugehen, seine Erfahrungen zu machen und dann entwickelt sich vieles von allein. *Der Wagen* rät dir, loszugehen und zu sehen, was sich entwickelt. Das bedeutet auch mal, den Karren in den Dreck zu fahren und ihn dann herauszuziehen, um eine neue Richtung einzuschlagen. Leben ist das, was passiert, während man plant!

Die Heilpflanze: der Rosmarin

Der Rosmarin schürt dein inneres Feuer und hilft dir dabei, deinen Wagen in Bewegung zu setzen und zu starten! Er gibt dir Kraft und lässt dich nicht ausbrennen. Er ist wie eine Zündkerze in deinem Benzinmotor, der dafür sorgt, dass sich das Gasgemisch entzündet und genügend Energie dem Auto zur Verfügung stellt.

Rosmarin fördert aufgrund seiner ätherischen Öle deine Konzentration, wirkt belebend und unterstützt deine Verdauung, ich verwende ihn gerne als alkoholische Tinktur. Die kannst du selbst herstellen oder du kaufst sie in deiner Apotheke vor Ort.

Name: Rosmarin
Botanischer Name: Rosmarinus officinalis / Salvia rosmarinus
Familie: Lippenblütler, Lamiaceae
Sammelzeit: mit oder ohne Blüte, Frühling – Herbst
Standort: trockener Boden, viel Sonne
Inhaltsstoffe: ätherische Öle, Rosmarinsäure, Thujion
Anwendung: Haarwachstum, gegen dyseptische Beschwerden, Kreislaufprobleme, Menstruationsbeschwerden und müde Beine
Verwendbare Pflanzenteile: Blüten und Blätter

Die sogenannte Rosmarinsäure wird häufig in Cremes verwendet, die gegen müde Beine eingesetzt wird. Dieser Inhaltsstoff regt die Durchblutung an, durch Massage kann dies auch verstärkt werden. Ich gebe gerne 1-2 Tropfen meiner Tinktur oder eines naturreinen ätherischen Öls (in Apotheken oder Bio-Läden) in meine Körpercreme und gehe mit der Kante meiner Hand von den Füßen hoch zum Becken. Sogenannte Massageroller, Bürsten oder Gushas können dir dabei helfen. Meinen Kreislauf bringt es immer wieder in Schwung.

Diese mediterrane Pflanze kannst du sehr gut in einem Topf großziehen, achte dabei auf viel Sonne, denn Rosmarin braucht die Wärme der Sonne, um dir auch die Kraft schenken zu können, damit du deinen Weg mit deinen Sphinxen bestreiten kannst. Er gibt dir auch die Kraft, deine beiden Zugtiere gleichermaßen zu deinem Ziel zu lenken, indem er deinen Verstand klärt und dein inneres Feuer brennen lässt.

Dein Green Magic Ritual:

Rosmarin Tinktur, für dein: Let's go!

Zuerst sterilisiere dein Einmachglas mit kochendem Wasser, hochprozentigen Alkohol oder Isopropylalkohol. Das ist sehr wichtig, damit deine Tinktur nicht schimmelt.

Schneide deinen Rosmarin mit einem scharfen Küchenmesser klein und streue ihn in dein Einmachglas, gib nun den Alkohol hinzu. Hierbei solltest du beachten, dass bei frischem Rosmarin ein Verhältnis von 1:10 - das heißt 1 Teil Rosmarin und 10 Teile Alkohol verwendet wird. Bei getrocknetem Rosmarin ist das Verhältnis 2 :10, weil weniger ätherisches Öl vorhanden ist.

Bitte beachte, dass der komplette Rosmarin mit Alkohol bedeckt sein muss, und verschließe dein Glas gut. Stelle es für einen Monat an einen dunklen und trockenen Ort.

Wenn sich Wassertropfen am Deckelrand bilden, solltest du dein Glas ab und zu lüften, dann einmal schütteln und wieder stehen lassen, ich schaue alle zwei Tage nach meiner Tinktur.

Nach einem Monat musst du den Rosmarin abseihen. Dafür kannst du ein Mull-Tuch, Gaze oder einen einfachen Kaffeefilter verwenden, schütte den Inhalt hindurch und somit trennst du das Kraut von deiner Tinktur. In deiner Tinktur befinden sich nun die wertvollen Inhaltsstoffe, welche dir Kraft schenken werden und deinen inneren Wagen in Bewegung setzen werden. Überführe deine Tinktur in ein Braunglas, dort ist sie bis zu 5 Jahre haltbar, denn durch den Alkohol konserviert sie sich selbst.

Wenn du das Gefühl hast, dein inneres Feuer erlischt, aber du musst noch eine Aufgabe erledigen, kannst dich nicht richtig dazu aufraffen oder du möchtest für deine Sache losgehen, aber weißt nicht wie, dann gib 2-3 Tropfen deiner Tinktur unter die Zunge und stelle dir vor, wie du auf deinem Gefährt sitzt, die große weite Welt vor dir und wie sie nur auf dich und deine Ideen wartet.

Bitte in der Schwangerschaft, Stillzeit oder bei Allergien nicht anwenden.

DU BRAUCHST:

- ein hitzebeständiges Einmachglas (am besten wirklich aus Glas, mit einem Schraubverschluss oder ein Bügelglas)
- frischen Rosmarin oder getrockneten Rosmarin
- hochprozentigen Alkohol (mind. 40 %.) zum Beispiel: Wodka oder Gin
- ein Braunglas mit Pipette (gibt es in der Apotheke vor Ort)
- Gaze oder einen Kaffeefilter

VIII
Die Kraft und die Kapuzinerkresse
Tropaedum majus

Selbstvertrauen, innere Stärke,
Ausgleich aller Anteile in dir,
Furchtlosigkeit

Astrologische Zuordnung:
Löwe

Auf dieser Karte ist ein Löwe abgebildet, der vor Kraft, Begierde, Stärke und Tapferkeit strotzt. Der König der Savanne, ein Führer für sein Rudel, mächtig und stark, er geht seinen Trieben nach. Die Frau, voller Barmherzigkeit und Liebe zu diesem Löwen, fürchtet sich nicht vor ihm, denn der Löwe symbolisiert ihre innere Kraft, ihr inneres Tier, das Animalische, das sie liebevoll regiert.

Beides sind Attribute, die wir in uns haben, das Tier, das seinen Trieben nachgeht, und die Vernunft, die Klugheit, die uns liebevoll bändigt. Beides im Einklang befindlich symbolisiert unsere Karte: *Die Kraft*.

Diese Karte versinnbildlicht außerdem den Stolz, den wir alle in uns spüren dürfen, und gleichzeitig die Akzeptanz unseres Wertes. Oftmals verkennen wir, was wir alles schon geschafft haben, über welche Hürden wir gesprungen sind. Wie oft waren wir schon kraftlos und haben dann unseren inneren Löwenanteil spüren dürfen? Ein inneres Feuer, welches nicht ausgeht und der Welt zeigt: Hey hier bin ich! Ich habe genügend Kraft, um alles zu schaffen.

Die Heilpflanze: die Kapuzinerkresse

Bist du schonmal auf ein Feld gegangen oder in einen Wald und hast aus tiefster Seele gebrüllt, so wie es ein Löwe tut? Ich mache das sehr gerne, um Anspannung loszulassen oder Gefühle wie Traurigkeit und Wut aus meinem Körper zu katapultieren. Einmal aus voller Inbrunst zu brüllen, ist wirklich befreiend, überwinde deine Angst und tu es einfach, glaub mir!

Name: Große Kapuzinerkresse
Botanischer Name: Tropaeolum majus
Familie: Kapuzinerkressengewächse, Tropaeolaceae
Sammelzeit: Juni bis Oktober
Standort: Rankpflanze, meist im Garten kultiviert
Inhaltsstoffe: Senfölglykoside, Vitamin C
Anwendung: gegen Harnwegsentzündungen, Schmuckdroge in Salaten, zur Kräftigung des Immunsystems
Verwendbare Pflanzenteile: Blüten, Blätter

Leuchtend orangene Blüten hat die Kapuzinerkresse, die sich gewaltig von ihren grünen Blättern abheben, und durch ihre Glucosinolate (Senföle) und Vitamin C ist sie ein absoluter Bakterien- und Virenkiller. In der Phytotherapie wird sie gerne gegen Blasenentzündungen aufgrund ihrer bakterienabtötenden Wirkung eingesetzt und bei Erkältungen auch als Immunstimulans. Das bedeutet, innerlich angewendet unterstützt sie die Kraft deines Immunsystems, und das finde ich sehr passend zu unserer Tarotkarte.

Alle Teile der Pflanze sind essbar, auch später die Samen, welche man als falsche Kapern einlegen kann. Ich finde vor allem die kraftvolle Blüte interessant, wenn ich sie anschaue, erinnert sie mich an die orangene Löwenmähne von unserer Tarotkarte. Auch die großen grünen, fast runden Blätter erinnern mich an Löwentatzen, die sich im Sand abzeichnen.

Die Kresse wächst sehr schnell und besitzt auch in deinem Beet eine immense Kraft, weil sie viele Schädlinge von deinen Beeten fernhält. Du kannst sie ganz einfach in deinen Garten oder in deinem Balkonkasten anpflanzen. Du kannst diese scharfe Blüte sehr gut als Stärkungsmittel zu dir nehmen, zum Beispiel, wenn du ein größeres Vorhaben geplant hast und etwas extra Kraft benötigst. Wenn du die *Die Kraft* ziehst, ist es vielleicht Zeit, deine innere Stärke zu unterstützen.

Dein Green Magic Ritual:

Löwenoxymel zaubern

Oxymel ist ein fast vergessenes, natürliches Heil- und Stärkungsmittel. Es besteht aus 3 Teilen Honig und 1 Teil Essig, nochmal aufgepeppt und verstärkt wird es mit unserer Kapuzinerkresse. Oxymel (auch Sauerhonig genannt) ist reich an über 180 Inhaltsstoffen und wird in unserem Organismus basisch verstoffwechselt. Ich nehme Oxymel gerne als natürliches Antibiotikum, wenn sich ein Infekt ankündigt oder ich meine innere Löwen(-Kraft) hervorbringen möchte.

Gib alles in ein Schraubgefäß und seihe das Oxymel nach 2 Wochen ab (dafür kannst du es auf max. 50 Grad erwärmen, damit es schneller geht), und fülle es in eine saubere Flasche ab. Dein Oxymel ist bei sauberer Arbeitsweise ca. 1 Jahr haltbar.

Oxymel kann auch super für Limonaden verwendet werden, einfach ein „Basis"-Oxymelrezept (3 Teile Honig, 1 Teil Essig und Kräuter deiner Wahl, wie Löwenzahn, Hagebutte oder ähnliches) verwenden.

DU BRAUCHST:

- 180 g Honig (am besten Bio vom Imker)
- 60 g Naturtrüber Apfelessig (ist auch ganz einfach selbst zu machen)
- 50 g Kapuzinerkresseblüten mit Blättern, ganz fein geschnitten
- 10 g geriebenen Kren (Meerrettich), am besten püriert

IX
Der Eremit und die Passionsblume
Passiflora caerulea

Innenschau, eigenes Licht, Rückzug, Kontemplation, Meditation

Astrologische Zuordnung: Jungfrau

Der *Eremit* ist eine Karte, die dich dazu auffordert, nach innen zu schauen, zu reflektieren, dein eigenes Licht zu erkunden und anzuerkennen. Er gibt dir den Impuls, deinen Weg auszuleuchten, zu schauen, ob du dich noch auf dem richtigen Weg befindest, und dich zu fragen:

An welcher Stelle brauche ich Unterstützung? Wann bin ich zu viel im Außen und was darf ich mir anschauen? Bin ich wahrhaftig im Hier und Jetzt präsent?

In meinen Tarotreadings sage ich immer: Du trägst deine Wahrheit in dir und die Tarotkarten zeigen dir nur das, was du schon längst weißt, sie schenken dir einen Impuls. Für mich ist Tarot ein Tool der Einkehr, und besonders zeigt das die Karte *Der Eremit*. Konzentriere dich auf dich selbst, blicke nach innen und fühle neue Impulse, um dein Licht zu offenbaren. Kurz und knapp, versuche, präsent zu sein, doch das ist meist schwerer als gedacht, oftmals sind wir zu sehr im Außen. Mit Menschen agieren, kommunizieren und fühlen, dem Gegenüber „etwas Gutes tun“ und sich auch manchmal in

Die Heilpflanze: die Passionsblume

dem Gegenüber verlieren, bedeutet oft, die Gefühle des anderen zu seinen eigenen zu machen. Präsent zu sein, wie der *Eremit* es ist, heißt, im Hier und Jetzt und bei sich zu sein, nicht, den Weg nach vorne zu ergründen, genauso, wie die Laterne des *Eremiten* auch nur ein paar Meter den Weg erleuchtet. Manchmal ist es wichtig, sich wie eine Blume zu schließen, Kraft zu sammeln, in die Selbstreflexion zu gehen und dann wieder aufzublühen, um seine ganze Schönheit der Welt zu zeigen.

Name: Blaue Passionsblume
Botanischer Name: Passiflora caerulea
Familie: Passionsblumengewächse, Passifloraceae
Sammelzeit: Mai–September
Standort: Kübelpflanze (drinnen sowie draußen), braucht sehr nährstoffreichen Boden, pflegeintensiv
Inhaltsstoffe: Flavonoide
Anwendung: bei Schlafstörungen, innerer Unruhe, depressive Verstimmungen
Verwendbare Pflanzenteile: Blätter und Blüten

Im Christentum stellt die Passionsblume die Verkörperung von Jesus Christi am Kreuz dar. Die drei Fruchtblätter symbolisieren die drei Nägel, womit Jesus ans Kreuz genagelt wurde. Daher kommt auch der Name der Passionsblume: Leidensblume.

Mir war es aber wichtig, hier auf die Schönheit der Blume einzugehen und das Thema der (inneren) Auferstehung und Wiedergeburt. Um sich wieder selbst näherzukommen, ist es ratsam, Zeit mit sich selbst zu pflegen, sei es, in Ruhe ein Buch zu lesen oder auch Yoga zu praktizieren oder zu meditieren. Viele fühlen sich allein nicht wohl, so dass sie bei der inneren Einkehr in eine depressive Phase kommen. Aus diesem Grund ist es auch passend, dass die Passionsblume in der Phytotherapie gegen depressive Verstimmungen und Schlaflosigkeit eingesetzt wird, hierfür sind die Flavonoide verantwortlich.

Der Eremit hält sein (inneres) Licht vor seinen Augen. Wenn du dir die Blüte anschaust, siehst du auch diesen wunderschönen Farbverlauf? Mich erinnert das an ein Lichtspiel einer wunderschönen Kerze, die all ihre Farben ausbreitet nach außen. So wie die Laterne des Eremiten erstrahlt, so erstrahlt die Passiflora.

Dein Green Magic Ritual:

Visualisierung deines inneren Lichts

Ich habe dir eine kleine Meditation für dein inneres Licht geschrieben, nimm dir hierfür ein paar Minuten nur für dich Zeit und setze dich an einen ungestörten Ort.

Diese Meditation für dich hat mich der *Eremit* gelehrt. Er hat mir gezeigt, dass all unsere Schönheit und Weisheit in uns stecken, wir haben nur verlernt, uns selbst zu sehen und uns selbst zuzuhören. Die innere Stille ist für viele (für mich früher auch) unangenehm und der Drang, sich mit Netflix, Podcast und Co abzulenken, sehr verlockend. *Doch was passiert mit dir, wenn du der Stille lauscht?*

Mach es dir richtig schön, vielleicht klärst du die Luft mit einem Auraspray oder entzündest eine Kerze für dich und machst es dir mit deiner Lieblingsdecke gemütlich. Am besten nimmst du auch ein Bild von einer Passionsblume mit, damit du sie dir besser vorstellen kannst.

Stelle dir vor, wie eine kleine Knospe in der Mitte deines Körpers heranreift. Eine kleine Knospe, die immer größer wird und dein Herz berührt. Sie wird immer größer und bricht auf, ganz langsam und zaghaft, du siehst ein helles weißes Licht durchscheinen, dort, wo die Knospe schon aufgebrochen ist.

Immer mehr und mehr Licht kommt zum Vorschein, bis ihre zehn Blütenhüllblätter sich vollkommen ausbreiten und das Innere deiner Pflanze zum Vorschein kommt.

Wie sehen deine Blütenblätter aus? Weiß? Violett? Rosa? Haben sie einen Farbverlauf?

Schau dir nun die Innenkrone deiner Passionsblume an, wie leuchtend sie ist, wie strahlend der Kranz deiner Blume ist. Wie wunderschön die fünf Staubblätter nach oben ragen und die drei Narben zum Vorschein kommen.

Deine Blüte erstrahlt voller Lebenskraft und breitet ihren Lichtkranz immer weiter aus, bis deine Seele nur so vor Licht schimmert. Spüre die Wärme und Schönheit deines Lichtes.

Und lass es fließen.

Stell dir vor, wie du nun der *Eremit* bist und dein Licht ganz langsam zurück in die Mitte deiner Seele ziehst, dorthin, wo deine Knospe den Ursprung fand.

Und lass das Licht in dich gehen.

Spüre nach.

Komme nun wieder in das Hier und Jetzt zurück und schreibe deine Gedanken und Erfahrungen gerne auf.

Du bist alles, was die Welt braucht, dein Licht ist einzigartig.

X

Das Rad des Schicksals und die Ringelblume

Calendula officinalis

Die vier Elemente, Lebensrätsel, Seelenweg, Geheimnis des Lebens, Auf und Ab des Lebens

Astrologische Zuordnung: Jupiter

Das *Rad des Schicksals* vereint alle vier Elemente und somit auch alle vier Elemente unserer Tierkreiszeichen. Wir haben den Stier für die Erde, den Löwen für Feuer, Adler für die Luft und den Menschen für das Wasser.

Das *Rad des Schicksals* ist auch eine sehr alchemistische Karte, auf ihr sind die alchemistischen Symbole für Wasser, Quecksilber, Salz und Schwefel zu sehen. Die Alchemisten haben sich nicht nur mit der Entstehung des Steins der Weisen oder Gold beschäftigt, sondern auch mit dem Seelenweg. *Warum sind wir hier? Wie finden wir unseren Seelenweg heraus?*

Das *Rad des Schicksals* zeigt uns auch, dass, egal was passiert, das Rad sich weiterdrehen und alles sich wieder ändern wird. Das heißt auch, wenn du dich gerade in einer unglücklichen Situation befindest, kannst du gewiss sein, dass du auch wieder „oben auf" sein wirst. Das Rad symbolisiert das ewige Auf und Ab des Lebens, aber auch den eigenen Lebensweg. Wenn wir dem Universum lauschen, werden wir feststellen, dass jede Aufgabe, wie schwer und hart sie auch sein mag, uns hilft, zu unserem höheren Selbst zu kommen.

Die Heilpflanze: die Ringelblume

Ich selbst weiß meinen Seelenweg auch nicht, ich weiß aber, dass ich dieses Buch für Dich schreibe, um deine Seele zu berühren, dir den Kontakt mit Tarot und unserer mystischen Welt der Pflanzen näherzubringen und dich dazu zu bewegen, dein Herz der Natur noch weiter zu öffnen. Ich glaube, die Welt wäre ein besserer Ort, wenn wir alle der Natur ein wenig lauschen würden.

Name: Ringelblume
Botanischer Name: Calendula officinalis
Familie: Korbblütler, Asteraceae
Sammelzeit: Mai–Oktober
Standort: lehmiger Boden und sonnig
Inhaltsstoffe: Flavonoide
Anwendung: in Salben und Tinkturen gegen Wunden
Verwendbare Pflanzenteile: Blüten

Von März bis Oktober blüht in meinem Garten die wunderschöne orangefarbene Ringelblume, auch „Calendula" genannt. Mit ihren strahlenkranzähnlichen Blüten hebt sie sich immer von allen anderen Pflanzen ab. „Calendula" bedeutet so viel wie Monat, daher hat sie auch ihren Namen erhalten, da sie über mehrere Monate blüht.

Hast du dir schonmal die Samen der Ringelblume angeschaut? Sie rollen sich fast ringförmig zusammen und ahmen somit das *Rad des Schicksals* nach, in der Pflanzensymbolik steht sie daher auch tatsächlich für das *Rad des Schicksals*. Ihre Blumensprache bedeutet: Kommt Zeit, kommt Rat. Das ist genau das, was uns die Karte *Rad des Schicksals* auch sagen möchte. Indem das Rad sich stetig dreht und dadurch unsere Pläne über den Haufen geworfen werden, können wir nur abwarten und schauen, was uns das *Rad des Schicksals* Neues bringt. Das Universum schenkt uns immer genau das, was wir in dem Moment auch für unseren Lebensweg benötigen.

In der Phytotherapie ist die Ringelblume stark vertreten, vor allem in Cremes, da sie zwei wundervolle Eigenschaften vereint: entzündungshemmend und wundheilungsfördernd. Aus diesem Grund setze ich jedes Jahr ein

Mazerat an, um die Kraft der Korbblütler in meine Alltagscreme mit unterzumischen. In meinem Alltag ist die Ringelblume häufig zu finden, die Blüten peppen meinen Sommersalat auf oder verzieren sehr häufig meine Butter. Auf jeder Feier sind meine Eiswürfel der Hit, da ich verschiedene essbare Blüten in die Eiswürfel mit einfriere, und die Leuchtkraft der Ringelblume lässt jeden Partygast erstrahlen. Zum Ende des Sommers sammle ich die Schicksalssamen ein und bewundere sie, denn aus ihnen dürfen nächstes Jahr neue Ringelblumen wieder erwachen.

Aufgrund ihrer Samen, ihres Namens Calendula und ihrer Botschaft passt diese Blume perfekt zu unserer Tarotkarte. Wenn du also dem *Rad des Schicksals* in deinen Legungen begegnest, ist es vielleicht eine wunderbare Gelegenheit, die Ringelblume in dein tägliches Leben zu integrieren.

DU BRAUCHST:

- 250 ml Gefäß
- Ringelblumen aus dem Garten, Balkon, freie Natur
- Olivenöl oder Jojobaöl
- Mull- oder Gazetuch oder Kaffeefilter

Dein Green Magic Ritual:

Schicksalsöl herstellen

Pflücke in den späten Abendstunden deine Ringelblumen, denn dann haben sie die meiste Sonnenenergie gespeichert. Lasse sie für 3 Stunden anwelken (dann können unsere Gartenmitbewohner auch flüchten) und zupfe die einzelnen Zungenblüten ab, fülle dein Glas zu 2/3 mit den Blüten und übergieße sie mit deinem hochwertigen Öl. Bitte nimm nur oxidationsunempfindliche Öle, diese werden nicht so schnell ranzig. Verschließe nun dein Glas ordentlich und schwenke es. Stelle dein Blütenölgemisch an einen dunklen und warmen Ort.

Für die nächsten 14 Tage wird es ein neues Ritual für dich geben: Direkt nach dem Aufstehen darfst du zu deinem Glas gehen und es schwenken, damit die ganze Kraft der Blüten und deren Inhaltsstoffe auf dein Träger-Öl übergehen. Wenn sich Kondenswasser am Deckel befindet, dann ist es Zeit, dein Glas zu öffnen und die Feuchtigkeit entweichen zu lassen.

Nach den 14 Tagen sollte dein Öl ein schönes kräftiges Orange bekommen haben. Nun darfst du es abseihen, durch dein Mulltuch oder ähnliches. Dein Mazerat ist ca. 9 Monate haltbar und du kannst es in deine normale Tagespflege mit einrühren.

Auf Schürfwunden oder einem wunden Babypopo eignet sich dein Schicksalsöl auch sehr gut.

Achtung bei Korbblütler-Allergie!

XI
Die Gerechtigkeit und die Linde
Tilia

Bewusst denken und handeln,
gerechte Entscheidungen, kluges Urteil

Astrologische Zuordnung:
Waage

Auf dieser Karte ist Justitia abgebildet, die griechische Göttin der Gerechtigkeit. Sie wird dargestellt mit einem Schwert und einer Waagschale in der Hand, traditionell aber auch mit einer Augenbinde, damit sie nicht in ihrem Urteil getrübt wird. *Die Gerechtigkeit* verkörpert die Gesetze dieser Welt sowie die Kardinaltugenden, die Platon nennt: Besonnenheit (Mäßigung), Tapferkeit, Weisheit, Gerechtigkeit. *Die Gerechtigkeit* als Tugend beschreibt, dass die Waagschalen immer ausgeglichen sein sollten. Gerechtigkeit kann für jeden etwas anderes bedeuten. *Was bedeutet für dich Gerechtigkeit? Und gehst du mit dir sowie mit deiner Umwelt gerecht um?* Horche gerne mal in dich hinein, ob du wirklich gerecht zu dir selbst bist.

Jede Waagschale, das heißt, jede Entscheidung, hat etwas für und etwas gegen sich. Doch die Gerechtigkeit fordert unseren Menschenverstand. An unsere Eigenverantwortung wird appelliert, wir sind nicht mehr die Kinder, über die der Schein der Unschuld liegt. Wir sind für unsere eigene Seele und unsere Handlungen verantwortlich und sollten uns dessen auch bewusst sein. Das bedeutet für mich zu wissen,

dass jede Aktion, die ich ausführe, eine Reaktion hervorbringt. Die Welt beruht auf Aktion und Reaktion - und das ohne Bewertung oder Absicht. Das kann man sehr gut an Pflanzen erkennen: Wenn meine Aktion die liebevolle Umsorgung meiner Pflanzen ist, kann ich als Reaktion eine gute Ernte einfahren. Wenn ich meine Pflanzen im Garten nicht wässere und ihnen keine Beachtung schenke, dann wird als Reaktion eventuell das Sterben meiner Pflanzen die Folge sein.

Die Frau auf der Karte *Gerechtigkeit* hat ein Schwert und eine Waage in der Hand. Genauso hast du bei jeder Entscheidung die Wahl, kognitiv zu überlegen, abzuwägen und dann deine Entscheidung zu fällen.

Name: die Linde, Sommerlinde, Winterlinde
Botanischer Name: Tilia
Familie: Malvengewächse, Malvaceae
Sammelzeit: ganzjährig, gerne zur Blütezeit, je nach Art ab Ende Juni
Standort: weit verbreitet
Inhaltsstoffe: Flavonoide, Schleimstoffe, Gerbstoffe und Phenolcarbonsäuren
Anwendung: bei Erkältungskrankheiten
Verwendbare Pflanzenteile: Blütenstände

Die Heilpflanze: die Linde

Die liebliche Linde ist ein wunderschöner Baum, der meist in der Dorfmitte gepflanzt wurde. Unter ihr wurden Feste gefeiert, Liebende haben ihren Schwur verewigt und es wurden Urteile unter diesem Malvengewächs gefällt. Bestimmt hast du diesen Baum schon gesehen, der so einen betörenden Honigduft im Frühling/Sommer versprüht.

Die Linde wird der Göttin Freya zugeordnet, die nordische Göttin der Liebe, des Feuers und Gerechtigkeit. Die schönen herzförmigen Blätter der Linde tragen eine alte Geschichte in sich. Unter der Linde, so wird erzählt, kann man nur die Wahrheit sagen, und jedes Urteil, welches man unter einer Linde fällt, ist unanfechtbar. Der historische Richtspruch lautete: „Judicium sub tilia" - was so viel bedeutet wie: unter der Linde gegeben. Die liebliche Linde stand für die göttliche Gerechtigkeit, ihr Urteil ging über den Tod hinaus.

Wie bei der Karte *Gerechtigkeit* symbolisiert traditionell die Linde nicht eine Bestrafung, sondern eine Abwägung der Taten/Entscheidungen. Die Linde animiert dich zu schauen, welche Aspekte du in deine Entscheidung mit einfließen lassen solltest. Aber erinnere dich gerne an das Sprichwort des kleinen Prinzen: „Man sieht nur mit dem Herzen gut." Wenn du deine Entscheidung mit deinem Herzen triffst und aus tiefster Liebe, dann brauchst du nicht zu befürchten, dass das Richtschwert dich trifft.

Entscheidungen aus purem Licht sind immer gut. Vielleicht suchst du eine Linde auf, wenn sich die *Gerechtigkeit* in deinen Karten zeigt.

Dein Green Magic Ritual:

Die Linde um Verzeihung bitten

In meinem Leben habe ich ein paar Dinge gemacht, auf die ich einfach nicht stolz bin. Eine Lüge, um eine Verabredung nicht anzunehmen, mich mal besser dargestellt, als ich in Wirklichkeit war, oder eine Geschichte aufregender gemacht als nötig. Die Eifersucht kam bei mir auch ab und an zu Besuch, eine nicht sehr schöne Emotion. Ich bin mir sehr sicher, dass kein Mensch vor Fehlern gefeit ist. Ich kann mit Stolz sagen, dass ich diese lästigen Alltagslügen größtenteils abgelegt habe und stets versuche, mich an die fünf hermetischen Gesetze zu halten, aber ich bin ein Mensch mit Fehlern. Immer dann, wenn ich mich frage, ob das meinem Karma gerade gutgetan hat, schreibe ich es auf und übergebe es meiner Linde, weil ich um Verzeihung bitten möchte. Dies kannst du tun, indem du den Zettel nah der Wurzeln eingräbst oder deinen Zettel mit einem Naturfasern-Band an einen Zweig bindest.

Dies ist natürlich kein Weg der Beichte, und es ist nicht alles wieder gut, wenn ich bei der Linde war. Aber die Linde gibt mir ein Gefühl und eine Botschaft auf meinen Weg mit, damit mir der Fehler nicht nochmal passiert. Ich bin hier auf der Erde, um zu wachsen und über mich hinaus zu wachsen, das bedeutet nicht, dass ich keine Fehler machen darf. Nur, dass ich mir Mühe geben darf, keine Fehler zu machen, die mich oder meine Mitmenschen in Gefahr bringen könnten.

XII
Der Gehängte und die Esche
Fraxinus excelsior

Krisen als Chance, Sichtweisen und Perspektiven ändern, Stillstand, Ruhepause

Astrologische Zuordnung:
Neptun

Der *Gehängte* ist eine Karte einer momentanen Krise. Wir hängen buchstäblich verkehrtherum an einem Baum, unsere Füße zeigen zum Himmel, dem Universum, und unser Kopf Richtung Erde. So sehen wir auch gerade alles durch eine andere Perspektive, wie auf den Kopf gedreht. Wir sind in einer Situation gefangen und je mehr wir uns wehren, desto unangenehmer wird es. Die Lösung besteht darin, durch wahre Selbsterkenntnis zur Umkehrung zu gelangen, das symbolisiert uns der Glorienschein um den Kopf der Person.

Die Karte wird auch mit dem Gott Odin verglichen. Er selbst hing sich mit seinem eigenen Speer an dem Weltenbaum Yggdrasil auf und ihm wurden in dieser Zeit die Runen eingegeben. Die Zahl 12 ist die umgekehrte 21 (*die Welt*) und zeigt uns, dass wir auf dem Weg der Vollendung unseres wahren Selbst sind, wir sind so wie Odin, bevor er alle Weisheit erlangt hatte.

Gib dich hin und sehe die Veränderung in deinem Leben, nutze die Zeit des Hängens, des Stillstandes und der erzwungenen Ruhepause für eine neue Orientierung.

Die Heilpflanze: die Esche

Name: Gemeine Esche
Botanischer Name: Fraxinus excelsior
Familie: Ölbaumgewächse, Oleaceae
Standort: humusreich, viel Platz für die Baumkrone und Wurzelwerk
Verwendung: keine mir bekannten pharmazeutische Verwendung. In der Hexenmagie wird sie als Räucherwerk für Transformation genutzt.

In vielen Mythen heißt es, dass der Weltenbaum eine Esche sei (so zum Beispiel in der Nordischen Mythologie), manchmal ist es auch die immergrüne Eibe. Beide Bäume haben das Potenzial für mich, Yggdrasil zu sein. Da die Eibe das giftige Taxin enthält, ein Alkaloid, und selbst ein zu langer Aufenthalt unter diesem Baum allergische Reaktionen hervorrufen kann, habe ich mich für die Esche entschieden. Unabhängig davon, welcher der beiden Bäume für dich als Weltenbaum steht, ist die Aussage des Wartens und des Wachstums gleich.

So ein wunderschöner Baum nimmt sich Zeit, zu wachsen, und hat in seiner Lebensperiode so viel gesehen, so viel Wissen und Gefühle aufgesaugt, dass es für mehrere Leben reicht. Er zeigt dir das Kommen und das Gehen, so wie nach Sonne Regen folgt und andersherum. Bäume haben so viel Kraft und spenden diese auch, auch liebend gern für dich.

Warum nun ein Baum für diese Karte? Wenn man sich die Karte genauer anschaut, sieht man, dass es sich um eine Esche handelt. Der Mann, der dort hängt, betrachtet wie Odin damals die Welt aus einer anderen Sicht, er weiß auch, dass er alle Weisheit in sich trägt, und der Zeitpunkt kommen wird, sich zu befreien, wenn er alles erfahren hat, was er erfahren muss.

Oftmals sind wir so in uns selbst gefangen und können nicht zu einer Lösung kommen, da ist es hilfreich, die eigenen Probleme aus einer anderen Sicht zu betrachten, baumeln zu lassen, so wie Odin, der mächtigste und weiseste aller Asen.

Dein Green Magic Ritual:

Dein persönlicher Kraftort

Immer dann, wenn ich das Gefühl habe, nicht weiterzukommen und buchstäblich zu hängen, dann gehe ich hinaus in die Natur und suche mir einen Baum, den ich umarmen kann oder unter den ich mich setzen kann. Da ich auf einem Apfelhof lebe, habe ich es zu meinen Bäumen nicht weit, die mir Kraft spenden. Vor meiner Haustür steht auch eine wunderschöne Hängebirke, ich schaue ihr so gerne zu, wie ihre Zweige im Wind tänzeln. Im Sommer fahre ich gerne Kanu und es gibt eine Trauerweide am Flussufer, die mich an die Großmutter Weide von Pocahontas erinnert. Ich liebe diesen Kraftort und versuche ihn so oft wie möglich zu besuchen. Ich binde mein Kanu bei ihr an und lege mich auf ihre großen Wurzeln und beobachte den Wind, der mit ihren hängenden Zweigen spielt.

Wenn du in deinen Garten schaust oder in einen in der Nähe gelegenen Park, siehst du einen Baum, der dich anspricht? Dem du all deine Probleme erzählen darfst und zu Ruhe kommen kannst? Der, wenn du ihn berührst, „zu dir spricht", ein Gefühl von Geborgenheit auslöst?

Wie fühlt sich dein Baum an? Hat er eine glatte oder raue Rinde? Hängende dünne Zweige oder hat er einen großen Blattbaldachin? Kannst du auf seinen Wurzeln tanzen und klettern? Mit Moos oder Flechten bedeckt? Wie riecht er? Und was sendet er aus?

Präge dir jede Kleinigkeit deines Baumes ein, damit du, wenn du ihn brauchst und ihn gerade nicht besuchen kannst, ihn vor deinem geistigen Auge visualisieren kannst. Es ist dein persönlicher Kraftort.

XIII
Der Tod und der Holunder
Sambucus nigra

Endgültigkeit, Loslassen, Veränderung, Ende, Abschied

Astrologische Zuordnung: Skorpion

Für viele ist der *Tod* eine absolute Angstkarte, sie ist der Inbegriff der Endgültigkeit, ohne den Tod gibt es kein Leben, er ist unbarmherzig und gleichzeitig auch erlösend. Er schreitet unausweichlich voran, egal, wen er mitnehmen muss, ob jung, alt, reich oder arm. Er denkt nicht in Hierarchien so wie wir Menschen. Vor ihm sind alle gleich. Nach ihm ist nichts mehr so, wie es mal war, eine radikale Veränderung ist eingetreten, und genau das macht uns oftmals Angst. Wir möchten gerne wissen, was uns erwartet - doch dieses Wissen teilt uns der Tod nicht mit, es ist nicht seine Aufgabe, seine Aufgabe ist das Ende. Ein Ende, damit etwas Neues aus der Asche wachsen kann.

Im Tarot geht es nicht um den physischen Tod, sondern um Wandel, Transformation und Akzeptanz, die damit einhergehen. Das kann ein Projekt sein, welches sich dem Ende neigt. Eine Liebe oder Freundschaft, die stirbt. Ein Egoanteil in dir, den du ruhen lassen darfst, oder ein sogenannter Glaubenssatz, der sich verabschieden darf. Oftmals halten wir an etwas fest, weil es uns einen vermeintlichen Schutz bietet.

Die Heilpflanze: der Holunder

Um kaum einen Baum ranken sich mehr Mythen als um den Holunder, er kommt zum Beispiel in dem Märchen „Frau Holle" vor und auch in meinen Lieblingsbüchern „Harry Potter". Der „Elderstab", oder auch der Todesstab genannt, wurde aus dem Holunder vom Tod selbst gefertigt und ist der mächtigste Zauberstab der Welt.

Bei den Kelten galt der Holunder als heiliger Baum, welcher im Baumkalender die Nummer 13 bekam, genauso wie der *Tod* die Nummer 13 trägt. Der Holunder schließt das Jahr ab und steht für Tod und Wiedergeburt, das ist einer der Gründe, warum dieser Baum so passend für diese Karte ist.

Wusstest du, das unter einem Holunderbaum die Elfen und Feen in der Nordischen Mythologie wohnen und das Tor zur Anderswelt schützen? Daher ist es auch verboten, einen Holunderbaum zu fällen, das würde einem Unglück bringen.

In der Phytotherapie wird der Holunder gerne als Tee gegen Erkältungen eingesetzt, er hat eine schweißtreibende und fiebersenkende Wirkung. Seine Beeren haben auch einen hohen Vitamin C Gehalt, weshalb man sehr gut im Winter einen Erkältungstrunk aus ihnen zubereitet zu sich nehmen kann.

Name: Holunderbaum, Elderbaum
Botanischer Name: Sambucus nigra
Familie: Moschuskrautgewächse, Adoxaceae
Sammelzeit: Blüten: Mai–Juli,
Beeren: August–September
Standort: sucht die Nähe zu Menschen,
unkomplizierter Boden
Inhaltsstoffe: Ätherische Öle,
schweißtreibende Glykoside, Flavonoide
Anwendung: als Tee oder Saft gegen Erkältungen
Verwendbare Pflanzenteile: Blüten und Beeren

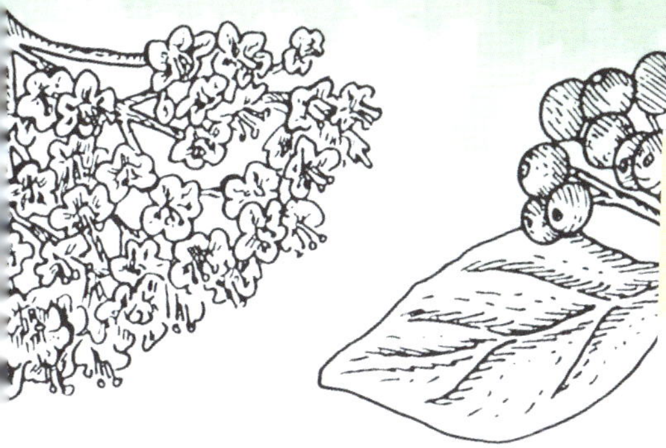

Vorsichtig: In unreifen Früchten kommt die Substanz Sambunigrin vor, aus der Blausäure freigesetzt werden kann. Diese Substanz kann Übelkeit und Erbrechen hervorrufen, deshalb nur reife Früchte verwenden.

Ich backe mir im Frühjahr immer gerne einen Hollerpfannkuchen, dafür nutze ich die Blüten, tunke sie in einen Pfannkuchenteig und frittiere sie von jeder Seite 1-2 Minuten gelbbraun, mit selbstgemachter Marmelade ist es einfach ein purer Genuss.

Dein Green Magic Ritual:

Dem Tod mit Demut begegnen

Wenn ich die Karte *Tod* ziehe, bedeutet es für mich, zu schauen, was gehen darf. Was darf ich loslassen und dem Tod übergeben, damit etwas Neues und Kraftvolles daraus entsteht? Daher schätze ich dieses Ritual, um dem Tod sowie den kleinen süßen Naturgeistern ein Geschenk zu überbringen.

Suche dir in deiner Umgebung einen Holunderbaum und schreibe dir auf einen Zettel auf, was gehen darf.

Was ist dir nicht mehr dienlich?

Welcher Prozess darf enden?

Was darf von dir gehen oder auch, was muss von dir gehen?

Welchen Schmerz möchtest du begraben?

Grabe deinen Zettel dicht bei den Wurzeln des Holunders ein. Lege für die Feen und Elfen eine Opfergabe hin, da diese sich deines Rituals annehmen. Das kann ein Schluck Wasser sein, ein Samen, ein Heilstein oder etwas anderes, lass dabei deiner Kreativität freien Lauf.

Achtung:

Der Holunder hat einen giftigen „Zwillingsbruder", den Attich (Zwergholunder). Es gibt gute Unterscheidungsmerkmale: Die Holunderblüten sind strahlend weiß und riechen angenehm, beim Attich siehst du dunkle Staubbeutel und er stinkt. Außerdem wird er nicht so groß wie der Holunder und die Früchte ragen nach oben, beim Holunder hängen die essbaren Früchte herab. Wenn du sammeln gehst, nimm bitte ein Bestimmungsbuch mit oder gehe mit einer erfahrenen Kräuterfrau oder Kräutermann sammeln.

XIV
Die Mäßigkeit und die Melisse
Melissa offcinalis

Balance, innerer Frieden, Verbindung, Harmonie, Schutz

Astrologische Zuordnung:
Schütze

Diese Karte vereint für mich alle Aspekte der Gesundheit in sich. Immer, wenn ich diese Karte ziehe, schaue ich: *Was tut mir gerade in meinem Leben gut? Wo darf ich nochmal hinsehen und ins Handeln kommen oder an welcher Stelle darf ich mich ausruhen und nichts tun?*

Es ist für mich auch eine Karte, die mich animiert, über mein Essverhalten nachzudenken: *Gebe ich meinem Körper wertvolle Nahrung? Wie sieht es mit meinen zwei Litern Wasser täglich aus?* Aber auch, wie es meinem Geist geht, *habe ich genügend Pausen? Wann habe ich mich das letzte Mal mit mir verbunden? Brauche ich mal wieder einen Abend, an dem ich mit meinen Mädels einfach nur quassele und Wein trinke?* Denn wenn mein Körper und meine Seele in Balance sind, bin ich gesund und kann meine Schöpferkraft vollends entfalten. Das richtige Maß zu erkennen, ist der Schlüsselsatz für diese Karte: beide Kelche zu füllen, mit einem Fuß im Wasser zu stehen und mit dem anderen auf dem Land sowie das Ausbalancieren von den 4 Elementen der Kleinen Arkana.

Die Stäbe und Schwerter stehen für die Aktivität, Kelche und Münzen eher für die Passivität - eine Balance aus allen 4 Elementen in den Alltag zu bringen, ist für mich Mäßigkeit.

Die Heilpflanze: die Melisse

Name: Melisse
Botanischer Name: Melissa offcinalis
Familie: Lippenblütler Lamiaceae
Sammelzeit: Frühling bis Herbst, Hochzeit: Juni/Juli
Standort: nährstoffreiche, wasserreiche Böden
Inhaltsstoffe: ätherisches Öl, Bitterstoffe, Gerbstoffe
Anwendung: Magenbeschwerden, Lippenherpes, beruhigend, Balsam für Körper und Seele
Verwendbare Pflanzenteile: alles

Eine wunderschöne Heilpflanze ist die Melisse, sie erfrischt nicht nur mein Trinkwasser, sondern hat auch in der Phytotherapie einen besonderen Stellenwert. Gerne wird sie bei Unruhe und Schlafproblemen eingesetzt, ihre ätherischen Öle können auch einen nervösen Magen beruhigen.

Sie ist außerdem antibakteriell und wirkt virusstatisch. Sie ist auch ein Heilmittel bei zum Beispiel Lippenherpes, der oft durch Trigger-Faktoren, Stress, Ekel, Essen oder zu viel Sonne ausgelöst wird. Also immer, wenn unser Körper gerade nicht in Balance ist, kann sie wunderbar angewendet werden, aus diesem Grund wird sie der Tarotkarte *Mäßigkeit* zugeordnet.

Die Melisse ist eine wunderschöne Pflanze, die uns lehrt, mit unseren Ressourcen zu balancieren, zu erkennen, wann wir eine Pause benötigen und wann es wieder weitergehen kann. Sie hat viele positive Effekte auf dein Nervensystem, wenn du einfach ein Blatt zwischen deinen Händen zerreibst und dann an ihnen riechst. Die Melisse in deinen Alltag zu integrieren, bringt dir viele Vorteile. Wie oben beschrieben, kann sie allerhand und führt in meinen Augen zu mehr Mäßigkeit.

Die Melisse ist sehr einfach in unseren Breitengraden zu kultivieren, einmal in den Garten gepflanzt, vermehrt sie sich von allein (du kannst sie auch in einem Topf großziehen). Du kannst sie vielfältig anwenden und zubereiten, Tee, Sud für Lippenherpes, die Blätter zerreiben und den Duft einatmen oder als Sirup, um deine Getränke aufzupeppen. Aus meinem Garten ist sie auf jeden Fall nicht mehr wegzudenken.

Dein Green Magic Ritual:

Melissentee für deine Balance

Zupfe dir ein paar Blätter ab, koche Wasser auf und übergieße die grünen Blättchen mit dem heißen Wasser. Nimm dir mit einem Buch einfachmal wieder Zeit für dich und deine Seele und genieße deinen Tee. Oder setze dich an dein Fenster und beobachte das Treiben der Außenwelt.

Ein Tipp: Du brauchst dir keine Melisse zu kaufen, bestimmt hat eine*r deine*r Bekannten eine. Schneide zwei, drei Stängel nah am Boden ab, entferne die unteren Blätter und stecke die sogenannten Stecklinge einfach in einen Topf, du wirst sehen, bald bilden sie Wurzeln und wachsen in die Höhe. Genauso habe ich meine Melisse bekommen und sie gedeiht prächtig.

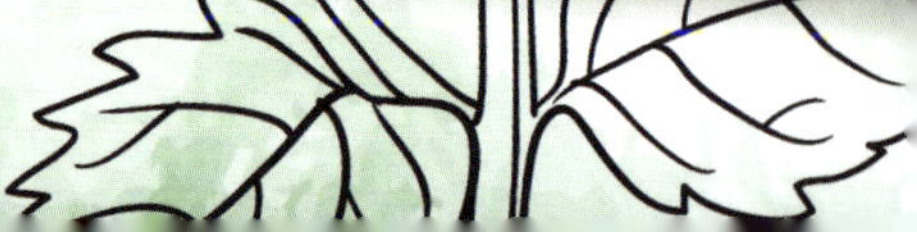

XV
Der Teufel und die Tollkirsche
Atropa belladonna

Grenzen, Abhängigkeiten, Sucht, Glaubensmuster hinterfragen, Sex, Drugs & Rock'n Roll

Astrologische Zuordnung: Steinbock

Der *Teufel* und die Hexen ... *Der Teufel* wird sprichwörtlich immer verteufelt und schlecht dargestellt. Er zeigt uns unsere Dämonen und verführt uns zu unseren schlechten Taten. Er ist der Böse in der Geschichte. Nun ja, so einfach scheint das nicht zu sein ... Er ist eigentlich ein Engel, der Engel Luzifer, der in Ungnade Gottes gefallen ist, seine Flügel verlor und in die Hölle verbannt wurde. Dort soll er alle bösen Menschen schmoren und foltern lassen.

Der Teufel zeigt uns neue Wege, er mag das Gefährliche, Verruchte, Sexuelle und die Energie des vermeintlich Bösen, aber auch des Unterdrückten, Unbewussten, Verdrängten. Aber im Grunde verführt er dich nicht, er zeigt dir nur andere Möglichkeiten auf, und es ist immer deine Entscheidung, ob du sie wählst oder nicht. Möglichkeiten, die im Widerspruch zu (deinen) universellen Regeln zu stehen scheinen. *What is your truly desire?* Wie Luzifer immer so gerne fragt.

Auf der Karte sehen wir Baphomet auf seiner Truhe sitzen und rechts und links von ihm in Ketten gelegte Menschen, eine Szenerie der Macht und Unterwerfung. An den Schwänzen der Menschen hängen bei der Frau Trauben, die die Süchte nach dem Schönen zeigen, beim Mann Feuer, das von Baphomet selbst geschürt wird und für Wollust steht. *Der Teufel* zeigt uns unsere Schattenthemen auf, unsere Ängste, alles, was wir nicht sehen wollen und Möglichkeiten, wie wir diese mit Exzessen vergessen können.

Doch es ist niemals der richtige Weg, sich von seinen Schattenseiten abzuwenden, denn dann bleiben wir gefesselt und treiben immer weiter in die Tiefen der Schattenwelt. So lenkt *Der Teufel* unseren Blick auf unsere unterdrückten Anteile, zum Beispiel auf die nicht ausgelebten Begierden in uns, vielleicht eine sexuelle Praktik, die du gerne ausprobieren würdest. Die eigenen Grenzen auszutesten, bedeutet für jeden Menschen etwas anderes. Das heißt nicht, seine Schattenseiten immer heilen zu können, sondern sie zu sehen, erstmal wahrzunehmen und anzunehmen. Gib dem Teufel keine Macht über dich, sondern lass ihn nur auf etwas aufmerksam machen. Um mich klar auszudrücken: Ich meine mit Schattenseiten keine Strafhandlungen, das hat gar nichts mit der Magie des *Teufels* zu tun, sondern mit Krankheiten und Perversion - der *Teufel* verführt nicht, Menschen zu verletzen oder Unrecht zu tun. *Der Teufel* kommt nach der *Mäßigkeit*, dort haben wir gelernt, was Gleichgewicht bedeutet, und werden nun auf die Probe gestellt, ob wir auch die Gesetze der Mäßigkeit verstanden haben. Bei dieser Karte habe ich mich von der Pflanzenwelt verführen lassen und bin auf eine Giftpflanze gestoßen. Ich bin gespannt, was du sagst.

Die Heilpflanze: die Tollkirsche

Den Namen Belladonna bekam die Tollkirsche im 16. Jahrhundert: Damals wurde der Saft der Tollkirsche ins Auge geträufelt, um die Pupillen der Frauen zu vergrößern, denn das galt als Schönheitsmerkmal. Die Nebenwirkung ist auf jeden Fall, dass das Sehen getrübt wird. Der Effekt beruht auf dem Atropin. Auch heutzutage kommt der Wirkstoff Atropin noch in der Augenheilkunde vor.

Ein weiterer Volksname der Tollkirsche ist auch „Teufelskraut“, denn das Kraut war ein wichtiger Bestandteil der sogenannten „Flugsalbe“. Auf der Haut aufgebracht, sollte sie es ermöglichen, sich in die Lüfte zu erheben und so zum Blocksberg zu fliegen. Die Anwender*innen blieben natürlich auf dem Boden, aber durch den Rauschzustand hatten sie das Gefühl, wirklich geflogen zu sein. Die Symptome sollen so ähnlich wie bei der Krankheit Tollwut sein, was sich auch in dem Namen „Tollkirsche“ wiederfindet.

Achtung:

Mache auf keinen Fall irgendwelche Experimente mit dieser Pflanze, da sie auch in kleinen Mengen zum Tode führen kann!

Wie gefährlich die Tollkirsche ist, lässt sich auch mit der griechischen Mythologie untermauern: Die Göttin Atropa ist einer der drei Schicksalsgöttinnen, ihre Aufgabe war es, den Faden des Lebens abzuschneiden. Das bedeutet, sie hat bestimmt, wie und wann ein Mensch sein Leben lässt, daher soll der Name Atropa belladonna kommen.

Als ich die schwarze Frucht der Tollkirsche gesehen habe und mich mit ihrer Wirkung beschäftigt habe, konnte ich in jeder Beschreibung den Teufel finden. Selbst Hildegard von Bingen hat sie als Teufelspflanze gesehen, da sie Menschen zerrüttet. Ich finde, die Pflanze hat eine unglaubliche Schönheit und große Ausstrahlung, ihre bloße Erscheinung an Waldrändern zeigt mir, dass es Grenzen gibt, die gut sind, zu wahren. Nicht jede Grenze sollte übertreten werden, ein Genuss sollte zum Beispiel nicht in einer Sucht enden! Aber genauso sollten wir uns nicht unterwerfen oder fesseln lassen.

Name: Teufelsbeere, Belladonna
Botanischer Name: Atropa belladonna
amilie: Solanaceae, Nachtschattengewächse
Standort: Waldränder
altsstoffe: Atropin, Scopolamin, Hyoscyamin
Anwendung: Homöopathie, Augenheilkunde

Dein Green Magic Ritual:

Glaubenssätze auflösen

Dieses Ritual ist ohne eine Pflanze, da ich ausdrücklich nochmal drauf hinweisen möchte, dass man wirklich von Giftpflanzen und Pflanzen, die man nicht genau kennt, die Finger lassen sollte, auch von der Tollkirsche.

Es geht um das Thema Glaubenssätze. Ich habe dieses Thema ausgesucht, weil der *Teufel* so oft im schlechten Licht dasteht und vergessen wird, dass es auch eine Karte ist, die dazu auffordert, unsere alten Glaubensmuster sowie Verhaltensmuster durchbrechen zu dürfen.

Schreibe dir auf: *Was wird dir immer gesagt, wer du bist?*

Welche Worte kommen tief aus deiner Kindheit, die du dann von deinen Eltern übernommen hast?

Wurde dir bei schlechten Noten gesagt, dass du zu faul bist? Durftest du vielleicht nicht immer das tragen, was du wolltest, weil die Nachbarn etwas sagen könnten?

„Sei nicht so sensibel" oder „Nun weine nicht!" haben dich lange Zeit begleitet?

Höre tief in dich hinein und frage dich, welche Verhaltensmuster sich aus diesen Sätzen gebildet haben. Hast du angefangen, zu hart zu dir zu sein? Trägst du nicht das, was du schön findest, sondern angeblich der Gesellschaft passt? Versteckst du deine spirituelle Seite, weil das nicht „normkonform" ist?

Schreibe dir gerne alles einmal auf. Und lege dir dann die Karte des *Teufels* dazu. Schau dir an, wie die zwei Menschen in Ketten liegen, gefesselt vom bösen Teufel … so scheint es zumindest, aber was ist, wenn diese Ketten gar nicht von ihm stammen und es Ketten sind, die wir entweder uns selbst auferlegt haben oder unsere Gesellschaft? Und siehst du, wie locker sie sitzen? Da passen die schönen Köpfe der Menschen durch, ganz einfach können sie diese abnehmen.

Ja, so einfach ist es nicht, Glaubenssätze und Verhaltensmuster abzulegen, aber sich bewusst zu werden, dass man sie auch sprengen kann, wie die Ketten, lässt uns schon mehr atmen. Ich weiß, dass du es schaffst, mit Selbstliebe, Vertrauen, Hilfe von anderen Menschen und vor allem durch Grenzen ziehen.

XVI
Der Turm und das Gänseblümchen
Bellis perennis

Transformationen, Zerstörung, Erneuerung, Erkenntnis

Astrologische Zuordnung:
Mars

Als ich das erste Mal diese Karte gesehen habe, habe ich einen ziemlichen Schock bekommen. Grausam, wie diese Menschen aus dem Turm ins Nichts fallen und nicht gerettet werden. Eine ganz ungemütliche Karte, denn es wird nichts mehr so sein wie vorher. Aber nur, wenn etwas in sich zusammenfällt, kann etwas Neues errichtet werden. Nur wer alte Glaubensmuster durchbricht, kann wachsen und die schöne Welt mit neuen Augen erblicken. Ansonsten bleiben wir immer in diesem Turm gefangen und leben nicht richtig, wir schauen dem Leben nur passiv zu.

Doch was sollen wir tun, wenn wir momentan noch gar nicht das Positive sehen können, sondern gerade unser Turm zusammengebrochen ist? Hier kommt unsere Heilpflanze ins Spiel.

Die Heilpflanze: das Gänseblümchen

Name: Gänseblümchen, Tausendschön
Botanischer Name: Bellis perennis
Familie: Korbblütler, Asteraceae
Sammelzeit: ganzjährig
Standort: Weiden, Parks und Gärten, bewachsene Bahndämme
Inhaltsstoffe: ätherisches Öl, Saponine
Anwendung: bei Hauterkrankungen, in Tees oder als Tinktur hat es eine aufheiternde Wirkung, als Tee auch bei Erkältung
Verwendbare Pflanzenteile: alles

Bist du schonmal auf ein Gänseblümchen getreten? Nein? Also bevor du nun weiterliest, geh raus und suche dir eins. Sie ist eine der Pflanzen, die fast immer wächst.

So, wieder zurück? Was ist passiert? Sobald du deinen Fuß vom Gänseblümchen genommen und ein paar Sekunden gewartet hast, hat es sich wieder aufgerichtet, oder? Das Gänseblümchen ist nämlich eine kleine Stehaufpflanze. An dieser wunderschönen kleinen Pflanze darfst du dir gerne ein Beispiel nehmen. Das Einzige, was du tun kannst, wenn du fällst, ist, wieder aufzustehen, deine Krone zu richten und weiterzumachen! An dir zu arbeiten und dir deine Umwelt anzuschauen.

Wenn ich das Gefühl habe, ich falle, etwas stürzt in meinem Leben ein oder ich durchbreche ein altes Verhaltensmuster und es fühlt sich schmerzhaft an, greife ich zu meiner Gänseblümchentinktur. Sie hilft mir, wieder durchzuatmen, zu schauen, welche Lasten ich hinter mir lassen darf, was mir nicht mehr dienlich ist und meinen Kopf wieder in Richtung Sonne zu strecken. Genauso, wie unsere wundervolle Heilpflanze es tut.

Das Tausendschön, so wie sie auch genannt wird, darf in keinem Kindertee fehlen, weil es ein kleines Trösterchen ist, und auch in Wundheilungscremes ist sie oft in der Naturheilkunde vertreten. Außerdem passt sie hervorragend in jeden Sommersalat, und zwar nicht nur das Köpfchen, sondern auch die Blattrosetten.

Dein Green Magic Ritual:

Gänseblümchentinktur herstellen

Ich sammle gerne die Blüten für den Winter, um mir, immer wenn ich mag, ein paar dieser schönen Blüten in meinen Tee zu mischen. Denn auch, wenn sie das ganze Jahr über zu finden sind, hole ich mir durch die Blüten die Kraft des Sommers in mein Zuhause.

Wenn du als Tageskarte oder in einem Spread den *Turm* gezogen hast oder das Gefühl des *Turms* in dir trägst, dann ist es ein tolles Ritual, hinauszugehen und die kleinen Blümchen zu sammeln, wenn sie gerade blühen.

Wenn du einen kleinen Vorrat an den schönen Blüten angesammelt hast, dann kannst du auch deine eigene „Stehauftinktur" herstellen. Dafür übergießt du einfach in einem Einmachglas deine getrockneten (oder frischen) Gänseblümchen mit hochprozentigem Alkohol. 2/3 Gänseblümchen (gerne auch die geschnittenen Wurzeln und Blätter), 1/3 Alkohol, und lasse diesen 4 Wochen ziehen, unter täglichem Schütteln. Danach werden die Pflanzenteile abgeseiht und fertig ist deine Tinktur! Ich habe auch gelesen, dass man dies mit gutem Apfelessig machen kann, falls man den Alkohol weglassen möchte (zum Beispiel für Kinder).

Ich persönlich mag es auch gerne, mir Kompressen (heiße Waschlappen gehen auch) mit Gänseblümchen zu machen, ich lege mir einfach die frischen oder getrockneten Blütenköpfe in meine Kompresse und lege sie über meine Augen. Nach dem Sturz aus dem *Turm* eine echte Wohltat.

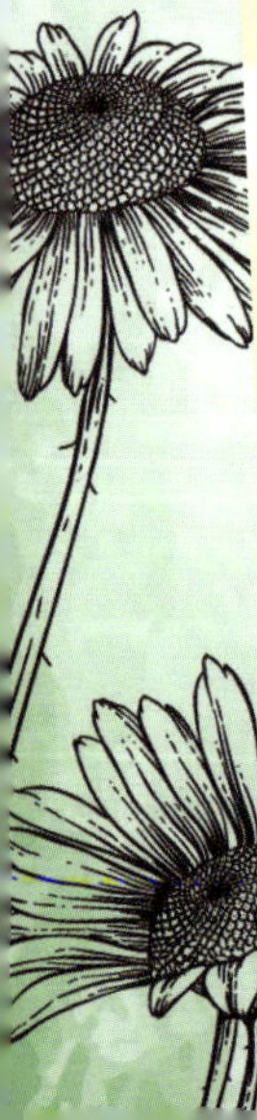

DU BRAUCHST:

- Gänseblümchen, frisch oder getrocknet
- hochprozentigen Alkohol, wie Wodka oder Gin
- ein Einmachglas
- Mulltuch, Kaffeefilter oder Gaze zum Abseihen

XVII
Der Stern und der Lavendel
Lavandula angustifolia

Hoffnung, Ruhe, Jungbrunnen, Schutz und Rückblick, Vertrauen, positive Aussichten, Präsenz

Astrologische Zuordnung: Wassermann

Bei der Karte *Der Stern* geht es um das Sein und das Universum an sich. Wir haben auf unserer Heldenreise schon viel gesehen und erlebt und dürfen zur Ruhe kommen, um uns mit der nächsten Sternschnuppe etwas zu wünschen.

Der See symbolisiert unsere Gefühle. Eine Schattenseite dieser Karte ist, dass wir, wenn wir mit unserer Spiritualität nicht verbunden sind, nur an der Oberfläche unser Wasser schöpfen und nicht mit unserem Krug auf den Grund gehen. In dem Fall würden wir dann immer nur die Oberfläche betrachten und aufwirbeln und nicht an unsere wahre Essenz herankommen.

Das Wasser des Sees ist nicht nur tief, sondern auch klar und rein, es erinnert mich an tiefe Bergseen in Schweden und Frankreich, wo man sich mit klarem Wasser wäscht, alles abwäscht, was durch den Turm noch als Schatten anhaftet, die Energie der Verbundenheit und der Hoffnung spüren darf sowie die unendliche Weite des Sees.

Die Karte ist auch eine Schutzkarte und sagt dir: Dein Vorhaben steht unter einem guten Stern.

Die Heilpflanze: der Lavendel

Name: Lavendel
Botanischer Name: Lavandula augustifolia
Familie: Lippenblütler, Lamiaceae
Sammelzeit: Juli- August
Standort: trocken, nährstoffarmer Boden
Inhaltsstoffe: ätherisches Öl
Anwendung: gegen Schlaflosigkeit und Nervosität, Aromatherapie, Schutzkraut, Kosmetik
Verwendbare Pflanzenteile: Blüten

Meine schönste Reise, die ich machen durfte, war mit meinem Seelengefährten in der Provence in Frankreich. Wir sind mit unserem Bulli zu den Lavendelfelder gefahren, ich war völlig ohne Erwartungen und wollte mich überraschen lassen. Es war das Wundervollste, was ich in meinem Leben gesehen habe. Der betörende Geruch von Lavendel lag in der Luft, das Lila hat sich deutlich vom azurblauen Himmel abgehoben und das Summen der Bienen war so melodisch, als hätten sie ein Lied für uns komponiert.

Wir saßen mit unseren Campingstühlen am Rand eines Feldes, haben Wein getrunken und Baguette gegessen und waren im Moment. Wir haben nichts anderes getan, als zu leben und zu genießen. Genau das nennt man Präsenz.

Es kamen immer wieder ein paar Touristen, um abgehetzt ein schnelles Foto für Instagram zu schießen, und wir saßen dort und haben das Treiben beobachtet. Ich habe mich in meinem Leben nicht mehr so im Hier und Jetzt gefühlt wie damals. Es war vollkommen. Und dieser Augenblick hat mir die Augen geöffnet, meinen Job aufzugeben, in die Pharmazie zu gehen, mit Heilpflanzen zu arbeiten und einen Garten zu bewirtschaften! Und all das stand und steht immer noch unter einem guten Stern. Abends waren wir in einem tiefblauen See schwimmen mit Lavendel im Haar, nackt und glücklich.

In der Signatur steht der Lavendel für die Nacht und Stille. Sein betörendes ätherisches Öl wird gegen Schlafprobleme und Unruhe eingesetzt, er hält Mücken und Motten fern und ist für Bienen eine unglaublich wichtige Pflanze.

Das Linalylacetat (ein Bestandteil des ätherischen Öls) hat mich zu der Verbindung mit dem *Stern* gebracht: Immer, wenn man Lavendel riecht, kommt man zur Ruhe und wird gelassen. Ich kann in solchen Momenten tief in meine Emotionen eintauchen und einfach nur ich selbst sein. Mein Gehirn darf sich ein paar Sekunden ausruhen und ich fühle mich frei und losgelöst.

Hat Lavendel auch so eine Wirkung auf dich?

Dein Green Magic Ritual:

Aromatherapie

Bist du schon mal in den Genuss einer Aromatherapie gekommen? Mich bringt der Geruch von Pflanzen wieder ins Hier und Jetzt. Vor allem Lavendel hat eine angstlösende Wirkung auf mich.

Du kannst für deine Aromatherapie gekaufte ätherische Öle verwenden, aber auch einfach die Blätter von deinen Lieblingspflanzen zupfen und diese zerreiben und dann an deinen Fingern riechen, zum Beispiel Lavendel. Jede Pflanze hat ihre eigene Signatur und ihre eigene Wirkung auf dein Nervensystem.

Wenn der *Stern* dir begegnet, würde ich dir Pflanzen empfehlen, die dich ins Hier und Jetzt bringen. Die dich beruhigen oder in einen meditativen Zustand versetzen, um auf den Grund deiner Gefühle zu gelangen. Es eignen sich neben Lavendel auch die Zitronenmelisse, Orange, Zirbe oder Bergamotte dazu.

XVIII
Der Mond und die Nachtkerze
Oenothera biennis

Unterbewusstsein, Albträume, Imaginationen, Wildheit, Schatten, Ängste

Astrologische Zuordnung: La Luna

Erinnern wir uns: Sterne und die Sonne haben ihr eigenes Licht, welches sie ausstrahlen. Die Mondin hingehen reflektiert die Schönheit der Sonne und leuchtet nicht von selbst, daher symbolisiert sie unser Unterbewusstsein. Sie hat schon immer eine besondere Wirkung auf uns Erdbewohner gehabt, zur Vollmondin können viele nicht schlafen, einige Frauen bekommen ihre Menstruation, andere fühlen sich mehr mit der Erde verbunden und praktizieren Rituale.

Was symbolisiert die Mondin für dich und welche Gefühle kommen bei der Tarotkarte in dir auf? (Warum ich die Mondin (la Luna) schreibe, kannst du im Kapitel *Die Hohepriesterin* lesen.)

Für mich ist sie der Inbegriff von Mystik, dem Unterbewusstem und „Urmenschen“ in einem. Die Tiere auf der Karte stellen das Animalische in uns dar, wir heulen den Mond an, leben im Hier und Jetzt und nach unseren Bedürfnissen. Der Krebs zeigt uns unsere namenlosen Dämonen - also unsere Ängste, doch genauso wie die Mondin die Gezeiten beeinflusst, dürfen wir unsere

Die Heilpflanze: die Nachtkerze

Ängste annehmen, sie kommen und sie gehen wieder. Wir dürfen lernen, mit ihnen zu leben und sie anzunehmen, als einen Teil von uns. Wenn wir all unsere unbeleuchteten Aspekte anschauen, können wir unsere Heldenreise fortsetzen und all unsere Aspekte, wie den Wolf in uns, integrieren.

Meine Frage an dich: *Hast du schonmal den Mond angeheult?*

Name: gemeine/gewöhnliche Nachtkerze
Botanischer Name: Oenothera biennis
Familie: Nachtkerzengewächse, Onagraceae
Sammelzeit: der Blüte: Juni – September, Samen: ab September
Standort: meist an sonnigen Plätzen, Feldwegen
Inhaltsstoffe: Flavonoide, Gammalinolsäuren, Vitamin E
Anwendung: Hautpflege, speziell bei Ekzemen
Verwendbare Pflanzenteile: Samen

Die Nachtkerze öffnet ihre Blüten in der Abenddämmerung. Diese blühen dann eine Nacht und einen Tag. Genauso wie die (meisten) Albträume, die wir in der Nacht fürchten und die uns eventuell einen Tag begleiten. Meist sind sie danach verwelkt. Diesen Vergleich und die wunderschöne Mondfarbe der Nachtkerze fand ich sehr passend zu unserer Tarotkarte.

Aus ihren Samen kann man ein unglaublich reichhaltiges Öl gewinnen, welches gut bei hartnäckigen Ekzemen in der Pharmazie eingesetzt werden kann. Ich selbst mische Nachtkerzenöl in meine selbstgemachten Cremes für meine Freund*innen mit Neurodermitis. Hierin ist auch eine weitere schöne Parallele zu unserer Karte zu entdecken: Wenn unsere Urängste oder Dämonen von uns Besitz ergreifen, dann wirkt sich dies auch auf unsere Haut aus. Denn unser größtes Organ, die Haut, ist gleichzeitig der Spiegel unserer Seele. Geht es unserer Seele nicht gut, bekommen wir häufig Ausschläge, Pappeln, Pusteln, Pickel oder ähnliches. Und auch in solchen Situationen kann uns die Nachtkerze Linderung verschaffen, dank ihrer hohen Anzahl

an Gamma-Linolsäuren. Sie hilft innerlich angewendet gegen depressive Verstimmungen, leichten Bluthochdruck und Gefühlsschwankungen.

Übrigens: Die Wurzeln der Nachtkerze können verzehrt werden, man bereitet sie genauso wie Schwarzwurzeln zu. Sie haben eine schöne pinke Färbung.

Dein Green Magic Ritual:

Nachtkerzenöl klopfen

Ein gutes Nachtkerzenöl kannst du in gut sortierten Reformhäusern oder deiner Apotheke des Vertrauens finden. Wenn du deinen Spiegel der Seele unterstützen magst, dann nimm ein wenig von dem Öl und einen Tropfen deines liebsten (für die Haut anwendbaren) ätherischen Öls und klopfe dies mit einer deiner Fingerkuppen wie folgt auf deine Haut:

- auf dein drittes Auge (zwischen den Augenbrauen),
- am Ende deiner Augenbrauen,
- auf dein Jochbein unter den Augen,
- dein Philtrum (Mulde zwischen Nase und Mund),
- dein Kinn,
- Mitte des Schlüsselbeins.

Diese Technik beruhigt dein vegetatives Nervensystem, ich verbinde sie gerne mit Affirmationen:

„Auch, wenn ich gerade Selbstzweifel habe, liebe und akzeptiere ich mich so, wie ich bin."

„Auch, wenn ich gerade Angst habe, weiß ich, ich bin sicher in mir."

„Auch, wenn der Mond meine Urängste zum Vorschein bringt, liebe und akzeptiere ich mich so, wie ich bin."

....

Wiederhole deine Klopfungen 2-5 Mal und merke, wie du allmählich ruhiger wirst.

XIX
Die Sonne und das Johanniskraut
Hypericum perforatum

Lebensfreude, Vitalität, Freiheit, Wiedergeburt

Astrologische Zuordnung: Sonne

Die Sonne wird auch „Pippi Langstrumpfkarte" genannt, da das Kind nackt und glücklich auf seinem Pferd sitzt und unter der Sonne reitet. Im Hintergrund gedeihen viele wunderschöne und strahlende Sonnenblumen, ein Paradies an Leuchtkraft. Die Sonne steht auch für Zuversicht. Wenn du dem Tarot eine Frage zu einem Problem stellst und du die Sonne ziehst, bedeutet es, dass du die Kraft hast, das Problem zu lösen, habe nur Mut und geh los!

Der Narr scheint durch die Sonne in dem Kind wiedergeboren zu sein, das erkennen wir an der Feder, welche beide als Kopfschmuck tragen. Doch anders als beim Narren ist das Kind der Sonne nicht mehr naiv. Unser Held hat die Unterwelt gesehen und durchlebt und hat erfahren, was Tod und Schmerz bedeuten, durch das Waschen im Brunnen des Sterns und seiner Wiedergeburt in der Sonne weiß er aber, dass es sich lohnt, den Weg zu bestreiten und für die Sonnenseite des Lebens zu kämpfen. Und genau da greift auch unsere Heilpflanze ein.

Die Heilpflanze: das Johanniskraut

Name: Echtes Johanniskraut, Sonnenkraut
Botanischer Name: Hypericum perforatum
Familie: Johanniskrautgewächse, Hypericaceae
Sammelzeit: um den 24. Juni
Standort: Baustellen, Bahnübergänge, Straßenränder
Inhaltsstoffe: ätherisches Öl, Flavonoide, Gerbstoffe, Hyperforin
Anwendung: bei Verbrennungen, Verstauchungen, depressiven Verstimmungen, Wechseljahresbeschwerden
Verwendbare Pflanzenteile: Blüten

Das Johanniskraut ist das Sonnenkraut schlechthin, es erstrahlt vor allem um den Johannistag (am 24. Juni), der auch der Namensgeber für dieses Wunderkraut ist.

Auf unserer Tarotkarte strotzt es nur vor Gelb und Rot, und diese zwei Farben hat auch unsere Pflanze, nicht umsonst kann man aus dem Johanniskraut das sogenannte „Rotöl" zaubern. Dieses wirkt gut gegen Verbrennungen, Verstauchungen und Muskelkater, verantwortlich für die rote Farbe ist das Hypericin. Wenn du dir die Blüte oder Blätter genauer anschaust, siehst du kleine schwarze Punkte, die sogenannten Öldrüsen, die das wertvolle Rotöl enthalten. Die kleinen Öldrüsen sollen der Geschichte nach vom Teufel entstanden sein, der mit einer Nadel die Blätter zerstach. Er wollte eine Frau verführen, diese setzte sich dann auf das Johanniskraut. Es hat den Bann des Teufels gebrochen, somit ging der Teufel leer aus und war so in Rage, dass er mit einer Nadel die Blätter zerstach. Wenn du ein Blatt zerreibst, wird dein Finger sich rot färben. Durch dieses Rotöl kannst du die Pflanze auch gut bestimmen.

Oftmals werde ich in der Apotheke belächelt, dass Pflanzen harmlos seien und man nichts mit ihnen falsch machen könne. Johanniskraut ist ein perfektes Beispiel dafür, welche Kraft diese Pflanze hat. Sie hat in Studien gezeigt, dass sie gut gegen depressive Verstimmungen helfen kann, aber die Einnahme sollte vorher mit einer Ärztin oder Arzt oder Apotheker*in/PTA abgeklärt werden, da sie auch eine Vielzahl an Wechselwirkungen mit anderen Medikamenten hat, wie zum Beispiel mit der Verhütungspille.

Außerdem wirkt sie oral eingenommen fotosensibel auf unsere Haut, das bedeutet, wir können schneller einen Sonnenbrand bekommen. Dennoch ist es eins meiner Lieblingskräuter, da das Johanniskraut auch in Räucherbündeln eine stimmungsaufhellende Wirkung versprüht und somit unsere eigene innere Sonne erhellen kann.

DU BRAUCHST:

- eine Hand voll Johanniskrautblüten
- ein gutes Öl, z.B. Olivenöl, Mandelöl oder Jojoba
- ein Schraubglas
- Gaze, Mull oder Kaffefilter

Dein Green Magic Ritual:

Rotöl zaubern für deine Sonnenkerze

Das Rotöl zaubern wir aus den frischen Blüten. Du füllst das Glas zur Hälfte mit Blüten und gießt es mit deinem Öl auf. Es darf nun 4 Wochen täglich geschüttelt und gelüftet werden, bis es seine leuchtend rote Farbe erhält. Vergiss nicht den Deckel deines Glases gelegentlich abzuheben, falls sich durch das frische Kraut Feuchte bilden sollte. Dieses Öl kannst du gut gegen Muskelkater verwenden oder Sonnenbrände. Aber ich nutze es für Rituale, die die Kraft der Sonne benötigen, wie Manifestationen etc.

Ich salbe meine Manifestationskerze damit ein und rolle sie in getrocknete Johanniskrautblüten oder ich male mir auf mein drittes Auge eine Sigille oder Rune, die ich mir für meinen Wunsch gezeichnet oder ausgesucht habe. Besonders kraftvoll sind diese Rituale um den 24. Juni zur Tag- und Nachtgleiche. Johanniskraut kann auch gut verräuchert werden.

XX

Das Gericht und die Schlüsselblume

Primula veris

Erweckung und Erlösung,
Vergeben, Annahme,
Authentizität

Astrologische Zuordnung:
Pluto

Das Gericht steht für die Wiedergeburt und Erlösung. Mit seiner Trompete befreit der Erzengel Gabriel die Personen aus ihren Gräbern, sie haben genug gelitten und dürfen nun Erlösung erfahren. Sie fahren hinauf in den Himmel, dürfen in den Genuss der Erlösung kommen, ihre Seelen erfahren Heilung und eine neue Aufgabe.

Das Gericht ist eine positive Karte, denn wir werden göttlich geführt. Die Karte sagt uns auch, dass wir auf uns selbst schauen und unsere Taten bewerten dürfen. Möchten wir weiterhin so handeln und agieren oder hören wir auf den Engel und widmen uns unserer Erneuerung? Authentizität und Ehrlichkeit sind hier die Schlüsselwörter.

Die Heilpflanze: Die Schlüsselblume

Name: Hohe Schlüsselblume
Botanischer Name: Primula veris
Familie: Primelgewächse
Sammelzeit: März–Mai
Standort: Steht unter Naturschutz, am besten im eigenen halbschattigen Garten
Inhaltsstoffe: Saponine, ätherisches Öl
Anwendung: bei Erkältung/Bronchitis
Verwendbare Pflanzenteile: Wurzel und Blüten

Eine der ersten Pflanzen, die im Frühling mein Herz erhellen, ist die Schlüsselblume, eine Primelart. Sie gehört zu den Pflanzen, die der Wiedergeburt zugeordnet sind. Außerdem ist ihr Trivialname „Himmelsschlüssel", was ich so passend zu unserer Karte finde. Dort sehen wir den Engel Gabriel, der mit seiner Trompete auf die Erde hinunterschaut, und die Menschen, die sich aus den Gräbern erheben und in den Himmel emporsteigen. Die kleinen Blüten der Schlüsselblume erinnern mich auch an die Trompete des Engels, daher habe ich sie für diese Karte ausgewählt.

In der Phytotherapie wird die Primelart gerne bei Erkältungen in Form von Lutschpastillen oder Säften verwendet, hier heilen sie den rauen Hals, der unser Organ ist, um Erlösung zu erfahren. Wenn wir uns weiterentwickeln, dürfen wir uns selbst immer wieder überprüfen. Das kann sich dann unangenehm im Hals anfühlen, wie ein Kloß oder der Verlust der Stimme. In einem solchen Moment können die kleinen Trompeten in Form einer Lutschpastille Linderung schaffen, sie helfen uns, die raue Gegend in unserer Kehle zu lindern mit ihren wertvollen Inhaltsstoffen.

Nicht nur für uns jetzt und unsere Wiedergeburt habe ich die Schlüsselblume ausgewählt, sondern auch für unsere Ahnen. Denn auch unsere Ahnenlinie möchte Erlösung erfahren und sich weiterentwickeln. Viele Ereignisse, die dir und deinen Ahnen nicht guttaten, kannst du mithilfe von verschiedenen Ritualen auflösen. Hole dir gerne dafür Hilfe in Form einer Familienaufstellung oder rede mit deinen Ahnen, würdige sie und gib ihnen mithilfe der Schlüsselblume auch eine Art Erlösung. Einen Anfang kannst du mit diesem Ritual machen.

Dein Green Magic Ritual:

Deine Ahnen würdigen

Die Symbolik des Todes, der Wiedergeburt und der Erlösung hat für mich sehr viel mit unseren Ahnen zu tun. In meinem Alltag kann es passieren, dass ich vergesse, sie so zu würdigen, wie sie es verdient haben, denn ohne sie wäre ich einfach nicht hier. Aber wenn ich die Karte *Gericht* ziehe, dann fühle ich mich daran erinnert.

Die Schlüsselblume eignet sich hervorragend als Himmelsöffner, leider ist sie nicht immer einfach zu kultivieren. Daher habe ich meine gekauft, aber vielleicht hast du auch Glück und schaffst es, aus dem Samen die Primelart aufzuziehen. Wenn dann der Frühling kommt, schneide deine Schlüsselblumen ab (lass für die Elfen aber bitte noch ein paar dran) und stelle sie neben einer weißen Kerze auf einen kleinen Altar, den du für deine Ahnen vorbereitest.

Immer, wenn du dich ihnen nahe fühlen willst, dann entzünde deine Kerze und sprich auf deine ganz individuelle Weise zu ihnen: Sei es als Gebet, durch ein kleines Ritual, ein paar kurze Worte oder ein Schriftstück, welches du mit der Flamme der Kerze entzündest.

Natürlich kannst du auch anstatt der Schlüsselblumen die Lieblingsblumen deiner Vorfahren verwenden, sei da ganz frei und kreativ.

Achtung:

Die Schlüsselblume solltest du nicht wild ernten, sie steht unter Naturschutz.

XXI
Die Welt und der Lorbeer
Laurus nobilis

Ankommen, Sieg, Ende, Unendlichkeit, Ganzheit, Vollendung, der rechte Platz, das Universum

Astrologische Zuordnung: Saturn

Wir kommen ans Ende unserer Heldenreise. *Die Welt* ist die letzte Karte der Großen Arkana, betrachtet man die Großen Arkana als Lebensweg, dann ist es die Karte der Vollendung.

Der Narr kam auf die Welt und hat vieles gesehen und durchlebt. Er hat sich durch die Große Arkana hindurch entwickelt, genauso wie wir in unserem Leben. Wir durchleben viele dieser archetypischen Situationen. Doch wenn wir an unser Ziel angekommen sind, dann ist es ein Ankommen, eine Vollendung, wie beim Einlaufen in die Ziellinie, so ist die Karte auch zu verstehen.

Fragen, die ich mir bei dieser Karte stelle, sind: *Was bedeutet für mich die Welt? Wer darf in meinem Universum bleiben? Was begrenzt mich? Wo kann ich mich noch einbringen?*

Die Heilpflanze: der Lorbeer

Name: Echter Lorbeer
Botanischer Name: Laurus nobilis
Familie: Lorbeergewächse, Lauraceae
Standort: Wird sehr gerne als Heckenpflanze genutzt
Sammelzeit: ganzjährig, für die Küche: Frühjahr und Herbst, dann sind die Blätter an aromatischsten
Inhaltsstoffe: ätherisches Öl, Bitterstoffe
Anwendung: Das Öl wirkt durchblutungsfördernd – topisch (auf der Haut) angewendet gegen Prellungen, innerlich gegen Verdauungsbeschwerden.
Verwendbare Pflanzenteile: Blätter

Wenn wir uns die Karte *Die Welt* genauer anschauen, sehen wir, dass die wunderschöne ästhetische Tänzerin auch von einem Lorbeerkranz umgeben wird. Der Lorbeer ist seit vielen Jahrhunderten die Pflanze des Sieges, des Ruhmes und ein guter Geschmacksgeber für leckere Soßen und Suppen. Wahrscheinlich kennst du den Lorbeerkranz von dem berühmten römischen Herrscher Julius Cäsar.

Ich finde die griechische Geschichte über den ersten Lorbeerbaum sehr spannend, sodass ich sie mit dir teilen wollte. In der griechischen Mythologie bedeutet „Daphne" Lorbeer. Die wunderschöne Nymphe wurde vom Gott Apollo sehr verehrt, doch es traf nur Apollo der Liebespfeil von Amor, und nicht Daphne. Daphne floh vor seinen Liebesmühen und bat ihren Vater, sie zu verwandeln, dieser tat es sofort auf ihr Geheiß, und so verwandelte sich Daphne in den ersten Lorbeerbaum. Apollo war tief gekränkt, dass seine Liebesschwüre nicht erwidert wurden, und trug seither einen Kranz aus Lorbeeren auf dem Kopf, um sich immer wieder an seine geliebte Daphne zu erinnern.

Der Lorbeer steht seit jeher für Sieg, Wahrheit, Unsterblichkeit, Vollkommenheit und Erfolg. Er ist in der Hexenkunst außerdem eine wichtige Orakelpflanze und wird für Manifestationsrituale sowie Hausausräucherungen erfolgreich verwendet. Diese Merkmale machen den Lorbeer zu dem passenden Begleiter für die Karte *Die Welt*.

Dein Green Magic Ritual:

Hexerei mit Lorbeerblättern

Nicht nur in der Küche kann man die Lorbeerblätter sehr gut verwenden, sondern auch, um seine Wünsche zu manifestieren und zu verbrennen.

Was bedeutet dir die Welt? Was wünschst du dir?

Schreibe mit einem Fineliner deinen Wunsch auf die getrockneten Lorbeerblätter und verbrenne achtsam deine Blätter. Entzünde dafür die Spitze deines Lorbeerblattes und lege es dann in eine feuerfeste Schale (oder Hexenkessel), wo es zu Asche werden darf.

Wichtig dabei ist, dass du, nachdem du deinen Wunsch verbrannt hast, die Asche nach draußen trägst und in die Winde streust, so kann dein Wunsch deinen spirituellen Geschöpfen übermittelt werden. Sobald die Asche davon geweht ist, darfst du auch loslassen und nicht mehr verkrampft daran denken. Es wird so kommen, wie das Universum es für richtig hält. Vertraue.

Hofkarten

Die Stäbe und der Wacholder

Juniperus

Die Stäbe sind unsere schnellsten und gleichzeitig „gefährlichsten" Karten im Tarot. Denn Feuer trägt etwas Machtvolles, Sexuelles und Abenteuerliches in sich. Wenn ein Funke in dir erglimmt, dann fühlst du dich voller Tatendrang, Begierde und Lust, den Funken in eine wunderschöne energievolle Flamme umzuwandeln. Das Feuer in dir kann dich einerseits wärmen, dir Energie geben, aber dich auch, wenn du unachtsam bist, verbrennen. Wenn wir gedanklich den Weg innerhalb der Reihe von dem *Ass der Stäbe* zu dem *König der Stäbe* gehen, sehen wir, wie schnell etwas brennen kann. Es fängt mit einem Stab beim ASS an, wenn wir die Welt erkunden wollen, geht über den Wettkampf und Konflikt und endet in den *Zehn der Stäben*, in dem Moment, wenn wir vollkommen überfordert sind. Das Feuer wurde zu viel. So ist es auch bei dem Element Feuer, ein kleiner Funken kann sehr schnell zu einem unaufhaltsamen Großbrand werden. Wir dürfen innerhalb der Kleinen Arkana lernen, das Feuer so einzusetzen, dass es uns dienlich ist.

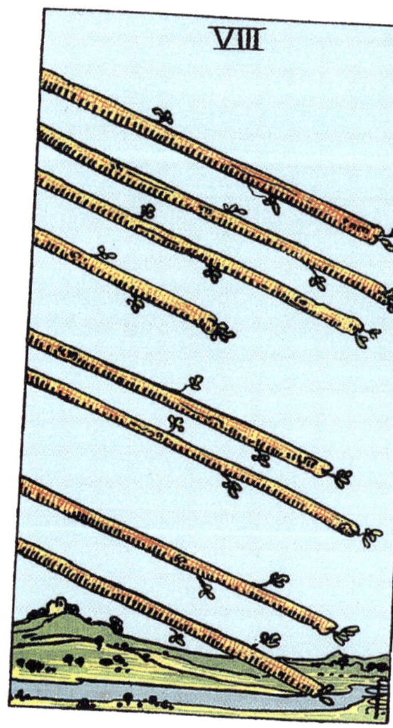

Um die Energien der Hofkarten dir näherzubringen, habe ich Pflanzen ausgewählt, die dir helfen können, denn die Figuren der Hofkarten sind bereits den Weg des Feuers gegangen. Sie haben ihn zu verstehen gelernt, der *König der Stäbe* ist der Schöpfer des Feuers und kann dieses kontrollieren. Er weiß um die Gefahr und den Nutzen der Stäbe.

Bitte denke immer daran, dass es im Tarot um Energien geht, also lass dich von den männlichen Bezeichnungen „Page, Ritter und König" nicht verunsichern, es mögen männliche Namen sein, sie sind aber genauso als Anteile, als Energien bei uns Frauen zu verstehen. Genauso ist die Königin eine Energie, die bei den männlichen Magiern genauso auftreten darf.

Die Heilpflanze: der Wacholder

Name: gemeiner Wacholder
Botanischer Name: Juniperus communis
Familie: Zypressengewächse, Cupressaceae
Sammelzeit: September – Dezember mit Beerenzapfen
Standort: in der Heide oft anzutreffen, trockene Böden
Inhaltsstoffe: ätherisches Öl, Flavonoide, Gerbstoffe
Anwendung: bei Magendarmbeschwerden, Blasenentzündungen, als Einreibung bei rheumatischen Beschwerden.
Spirituell: stärkstes Schutzkraut
Verwendbare Pflanzenteile: Beeren und Nadeln

Die Griechen und Römer haben den Wacholder dem Götterboten und Seelengeleiter Hermes geweiht. Dieser Baum steht für Vertrauen, Anbindung zum höheren Selbst und Schutz.

In einigen Büchern findet man ein Rezept mit Wacholder zur Steigerung der Fruchtbarkeit und Lebenskraft, wiederum in anderen Büchern heißt es, dass die Beeren zur Empfängnisverhütung bzw. Abort verwendet werden können. Was man mit Sicherheit sagen kann, ist, dass Wacholder einer der mächtigsten Schutzpflanzen der Räucherkunst ist und den Geist so weit klärt, dass man auch in andere spirituelle Sphären mit ihm vordringen kann. Ich verwende ihn sehr gerne in Schutzritualen oder wenn ich mit meinen Klient*innen spirituell arbeite, damit die Energie zwischen uns rein und ohne Störung ist.

In der Winterzeit verwende ich die Beeren sehr gerne zum Kochen, und für mein liebstes alkoholisches Getränk sind die Beeren die Grundlage: Die Rede ist vom Gin. Wacholder in Cremes verarbeitet kann gegen rheumatische Erkrankungen oder Muskelkater angewendet werden. *Warum habe ich Wacholder für das Feuer ausgesucht?* Wacholder hilft dir, negative Energien loszuwerden und dich für deinen Seelenweg zu wappnen. Er ist meine stärkste Schutzpflanze und löst in mir mein inneres Feuer, meine innere Witch aus. Aus diesem Grund habe ich den Wacholder dem Element Feuer zugeordnet.

Ich verwende ihn gerne bei lunaren Jahreskreisfesten, vor allem für die Raunächte. Eine schwarz gesalbte Kerze mit Wacholdernadeln in einem Ritual ist ein Türöffner für die Anderswelt. Lege gerne die Beeren (ungerade Zahl) als Schutzkreis um die Kerze, wenn du Kontakt zu der Anderswelt erreichen möchtest.

Dein Green Magic Ritual:

Wacholderbeeren-Sirup herstellen

Zerdrücke die Wacholderbeeren mit einem Mörser und gib sie dann in einen Topf.

Übergieße die Wacholderbeeren und Rosmarinzweige mit dem Wasser und lasse sie 15 min. köcheln. Presse währenddessen die Orange und Zitrone aus, siebe den gekochten Sud ab und füge die Säfte sowie den Zucker hinzu.

Alles darf noch ca. 20-30 min köcheln, bis sich ein Sirup bildet. Fülle es in saubere, sterilisierte Flaschen ab.

Für eine Variante mit Gin kannst du einfach 1/3 Sirup in die Flaschen füllen und den Rest mit Gin übergießen. Ich verdünne mein Getränk immer gerne mit Tonic Water.

Den alkoholfreien Sirup kann man sehr gut mit Äpfeln und Birnen weiterverarbeiten und zu Wild oder veganem Fleisch als Soße servieren. Und sind wir ganz ehrlich, ein gutes Essen lässt unser Feuer doch gut entfachen, oder?

Dieses Rezept musste ich einfach mit dir teilen!

Ein Zauber darf natürlich auch nicht fehlen:

Sicherlich hast du noch 9 Wacholderbeeren übrig? Dann habe ich noch einen kleinen Schutzzauber für dich! Zuerst füllst du das Gefäß mit Rauch von deiner Wacholder-Räucherung. Dann fügst du die 9 Wacholderbeeren und einige Nadeln hinzu. Nun darfst du kleine Schutzkristalle wie den schwarzen Turmalin hinzulegen und füllst alles mit Steinsalz auf. Gerne kannst du den Korken des Glases mit schwarzen Kerzenwachs versiegeln und ein Pentagramm einritzen. Du kannst dein Schutzgefäß nun immer mit dir mitführen oder in der Nähe deiner Haustür aufbewahren.

DU BRAUCHST:

- 200 g frisch gesammelte reife Wacholderbeeren
- 2 Zweige Rosmarin
- 500 ml Wasser
- 1kg braunen Zucker
- 1 unbehandelte Zitrone
- 1 unbehandelte Orange
- optional Gin

DU BRAUCHST:

- 9 Wacholderbeeren und den Zweig, von dem du die Beeren abtrennst
- 1 kleines Glasgefäß mit Korken
- Steinsalz
- kleine Kristalle gegen negative Energien wie: Turmalin, Tigerauge, Schungit

Achtung:

Wacholder darf nicht innerlich in der Schwangerschaft sowie bei Nierenproblemen eingenommen werden!

Der Page der Stäbe und das Hirtentäschel

Capsella bursa-pastoris

Offenheit, Gefahren als Chancen erkennen, Erforschung und Freude

Astrologische Zuordnung: Erde des Feuers

Der Page ist die jüngste Hofkarte und bringt daher eine sehr leichte und kindliche Energie mit sich, hier bei dem Feuerpagen ist es seine Neugier. Ganz unbefangen schaut er neue Situationen an und lässt seiner Kreativität freien Lauf, ohne sich auf den Erfolg zu fokussieren, sondern auf sein Handeln und sein Tun. Aber wenn wir dem Pagen zu viele Stäbe reichen, wird er unentschlossen und weiß nicht recht etwas mit sich anzufangen, so wie es bei Kindern ist, wenn wir sie überfordern.

Nimm dir diese Energie zu Herzen, sei wie ein*e Entdecker*in und gehe los mit deinem Stab in der Hand und deinem Abenteuersinn im Herzen!

Die Heilpflanze: das Hirtentäschel

Name: Hirtentäschel
Botanischer Name: Capsella bursa-pastoris
Familie: Kreuzblütler, Brassicacea
Sammelzeit: März–Oktober
Standort: Acker, Ödland, Wege
Inhaltsstoffe: Senfölglykoside, Mineralien, Flavonoide
Anwendung: bei Menstruationsbeschwerden
Verwendbare Pflanzenteile: oberirdisches Kraut

Die Oma meines Mannes hat mir, als ich damals das Hirtentäschel für mein Herbarium gesammelt habe, erzählt, dass sie früher als Kinder diese Pflanze gepflückt und geschüttelt haben, weil die kleinen herzförmigen Taschen klingeln. Und ja, sie hatte natürlich recht, das leise Klingeln erinnert an einen Schafhirten, und genau das war auch der erste Gedanke, der mich an den *Pagen der Stäbe* denken ließ. Der Page hat noch eine Reise vor sich und kann sich auf seinen Wegweiser (Stab) gut abstützen, wenn er müde wird, oder auch Gefahren abwehren. Ein Hirte muss mit seinen Gedanken auch im Hier und Jetzt sein, sonst hat er seine Schäfchen nicht unter Kontrolle.

Unsere Heilpflanze für den Pagen wird heute noch häufig gegen Menstruationsbeschwerden als Tee eingesetzt, kombiniert mit der Schafgarbe (Stab der Königin) und anderen weiteren sogenannten Frauenkräutern. Hirtentäschel wirkt blutstillend und venenverengend aufgrund seiner Flavonoide.Innerhalb der Schwangerschaft sollte dieses Kraut nicht verwendet werden, da es wehen-anregend wirkt, doch nach der Geburt wird es gerne aufgrund seiner milchbildungsfördernden sowie Gebärmutter zusammenziehenden Wirkung verwendet, denn es enthält einen ähnlichen Stoff wie Oxytocin.

Wenn ich nun ein Hirtentäschel sehe mit seinen herzförmigen Taschen am Stiel, sehe ich meinen eigenen kleinen Pagen vor mir, der mir sagt: „Los jetzt Chiara, geh deinen Weg, du schaffst das, entzünde das Feuer in dir!“ Wie siehst du das Hirtentäschel?

Dein Green Magic Ritual:

Dein eigenes Feuer zaubern

Viele Pflanzen eignen sich zum Verzieren von Kerzen, das Hirtentäschel ist aufgrund seiner biegsamen und zarten Statur sehr dafür geeignet.

Man kann es mit Hilfe von ein bisschen flüssigem Wachs und einem Pinsel ganz einfach auf eine Kerze bringen und sie somit verschönern. Du kannst auch andere Blüten noch nehmen und auf deiner Kerze mit Wachs befestigen, mache dein kleines Feuer so, wie du es dir wünschst.

Falls es dir schwerfällt, die Kräuter mit einem Pinsel aufzubringen, dann stelle deine Kerze (am besten eine Stumpenkerze) in einen festen Pappkartonbecher (oder in ein hitzebeständiges Glas). Es sollte ca. 1 cm Platz zwischen der Kerze und dem Gefäß sein.

Fülle nun deine Blüten, Blätter und dein Hirtentäschel um die Kerze und übergieße alles mit Wachs. Nach dem Abkühlprozess (12 Stunden) kannst du die Pappe gut entfernen oder du lässt es einfach alles in deinem Glas.

Sein eigenes Feuer zu kreieren, hat eine besondere Magie, denn bei dem Prozess vom Pflücken und Trocknen der Blüten bis zum Aussuchen, welcher Duft für deine Kerze der passende ist, steckt deine Energie und deine Intention dahinter. Sei bei dem Prozess achtsam und der Natur dankbar, welche Geschenke sie für deine Kerze bereithält. Vielleicht verwendest du dein Stäbefeuer für ein besonderes Ritual oder für ein Jahreskreisfest, das du zelebrieren möchtest.

Ich kann mir richtig vorstellen, wie schön und einzigartig deine Kerze geworden ist. Um lange Freude an deinem eigenen Feuer zu haben, empfehle ich dir, die Kerze zwei Wochen durchhärten zu lassen und dann erst zu entzünden.

Der Ritter der Stäbe und die Brennnessel

Urtica

Kraftvoller Übermut, Abenteuer, Ungeduld, Bewegung

Astrologische Zuordnung: Luft des Feuers

Der *Ritter der Stäbe* prescht mit seiner ganzen Energie voran; er hat keine Angst und der Tatendrang kribbelt ihm in seinen Fingern. Das kann häufiger zu Ungeduld führen, wenn er nicht das Ziel, das er anstrebt, in seiner sich selbst vorgegebenen Zeit erreicht. Sein Weg wird von Leidenschaft geprägt, die von seinem inneren Verlangen indiziert wird. Dies birgt die Gefahr, dass er übersprudelt und bei seinen Mitmenschen nicht auf seine Wortwahl Acht gibt. Doch wenn du den *Ritter der Stäbe* ziehst, dann sollst du nicht anderen gefallen, sondern an dein eigenes, inneres Feuer denken. *Was machst du gerne? Wofür brennst du förmlich und was hellt dich auf?* Lass deinen Perfektionismus hinter dir und Attacke!

Die Heilpflanze: die Brennnessel

Name: Brennnessel,
Botanischer Name: Urtica
Familie: Brennnesselgewächse, Urticaceae
Sammelzeit: Samen im Herbst,
im Frühjahr die jungen Triebe
Standort: bevorzugt feuchte Erde
Inhaltsstoffe: Kieselsäure, Cumarine,
Flavonoide, Kaffeesäureester
Anwendung: bei rheumatischen Beschwerden,
Harnwegsentzündungen, tolles Entgiftungskraut
Verwendbare Pflanzenteile: Wurzeln und Kraut

Was für ein heißer Hengst, sag ich gerne zum *Ritter der Stäbe*, mit was für einem Feuer er reitet!! So wünsche ich mir meine Energie beim Putzen manchmal 😊. Seine Leidenschaft und sein Wunsch, direkt zu handeln, kann auch mal zu Verbrennungen führen, da der Ritter nicht vorausschauend handelt.

„Verbrennen" können wir uns auch an seiner Heilpflanze, der Brennnessel. Eine Heilpflanze, die wir sehr unterschätzen, sie ist nämlich eine Vitamin- und Mineralbombe, sie enthält Eisen, Vitamin C, B und K, Kalium, Calcium und Kieselsäure. In ihren Brennhaaren steckt das Histamin, welches die Quaddeln auf unserer Haut hinterlässt, sie fühlen sich wie Verbrennungen an. „Urere" ist das lateinische Wort für brennen, davon leitet sich der Name auch ab. Deswegen ist für mich der Vergleich mit dem Feuerstab sehr passend! Doch wenn wir wissen, wie wir den Stab oder in diesem Fall die Brennnessel richtig anfassen, dann verbrennen wir uns auch nicht so leicht. Greife einfach (das geht vor allem bei jungen Trieben ganz gut) von unten an den Stängel und streiche mit deiner Hand fest den Stängel hoch, dann hast du die Brennhaare abgeknickt. Handschuhe tun es natürlich auch 😊

In der Phytotherapie wird die Brennnessel gerne bei Blasenentzündung verwendet und die Wurzeln bei gutartigen Prostatavergrößerungen. Doch sie kann noch viel mehr, ich verwende sie in der sogenannten „sauren

Rinse“ (Apfelessig verdünnt in Wasser) als Spülung für meine Haare. Dafür bereite ich mir einen Teeauszug aus Brennnessel (ich übergieße frische oder getrocknete Blätter mit heißem Wasser und lasse alles 7 Minuten ziehen) und fülle einen Teil Apfelessig, einen Teil Brennnesselsud auf einen Liter Wasser, nehme alles in einem Gefäß mit in die Dusche und verwende die Flüssigkeit als Spülung. Das kräftigt die Haarwurzeln und macht deine Haare super weich.

Dein Green Magic Ritual:

Brennnesselsamen sammeln (im späten Sommer und Herbst)

Wusstest du, dass man die Samen der Brennnessel sehr gut essen kann? Sie haben einen leicht nussigen Geschmack und machen sich super auf Salat, in einem Smoothie oder als Snack zwischendurch. Im Spätsommer geht die Saison los und du kannst deine Vorratsbehälter mit diesen kleinen prachtvollen Samen füllen. Bedenke dabei, dass du sie vollständig trocknen solltest, bevor du den Deckel schließt.

Die Brennesselsamen werden häufig verwendet, wenn eine Liebe eingeschlafen ist. Dann kannst du sie in einer Zeremonie für eine extra Portion Leidenschaft verräuchern.

Einmal im Frühjahr mache ich gerne auf Instagram die sogenannte „Brennnesselchallenge“. Es ist ein tolles Ritual als Entgiftungskur und Vorbereitung für den Frühling. Alle sammeln die jungen Triebe der Brennnessel und snacken sie direkt vom Strauch in den Mund, vielleicht hast du Lust, dieses Frühjahr mitzumachen? Ich freue mich, wenn wir uns connecten.

Die Königin der Stäbe und die Schafgarbe

Achillea millefolium

Selbstbewusst, Hexe, Intensität, Ehrlichkeit

Astrologische Zuordnung: Wasser des Feuers

Die *Königin der Stäbe* wird auch als Hexe unserer Zeit beschrieben, denn wir sind die Kinder der Hexen, die man nicht verbrannt hat. Wir stehen auf und sind sichtbar, nicht mehr im Verborgenen! Wir dürfen unsere Magie zeigen, mit unseren Tarotkarten Menschen und uns selbst helfen. Das alles finden wir in dieser Karte wieder. Die Königin hält den Stab fest in der Hand, ihre Beine sind geöffnet, beides mächtige Attribute der Zeugung und des Empfangens. Sie liebt das Leben warm und leidenschaftlich. Der Unterschied zu unserem Stabkönig ist, dass sie keinen Wert auf Kontrolle und Herrschaft legt, sondern genau weiß, dass ihre Energie so pulsiert, dass man ihr einfach folgen möchte. Wenn du diese Karte ziehst, denke daran: Du darfst dir deiner Macht und Wirkung bewusst sein und das Erbe deiner Ahnen weiterführen!

Ich möchte hier nochmal betonen, dass es nicht nur um die weiblichen Enkelinnen der Hexen geht, sondern auch um die männlichen Magier.

Die Heilpflanze: die Schafgarbe

Name: Gemeine Schafgarbe
Botanischer Name: Achillea millefolium
Familie: Korbblütler, Asteraceae
Sammelzeit: Juni–Juli
Standort: normaler Gartenboden
Inhaltsstoffe: Bitterstoffe, Gerbstoffe, ätherisches Öl (Achillin und Achillicin)
Anwendung: Sitzbäder für krampfartige Unterbauchbeschwerden und Blasenentzündungen, bei Entzündungen, Menstruationsbeschwerden, Kosmetik
Verwendbare Pflanzenteile: das ganze Kraut mit Wurzel

Wenn du schonmal eine Schafgarbe gepflückt hast, weißt du, wie robust ihr Stängel ist. Der erinnert mich an den Stab der Königin, welcher mächtig und stark in ihrer Hand ist. Die Schafgarbe wächst voller Widerstandskraft selbstbewusst empor, kein Boden ist ihr zuwider, selbst auf lehmigen Boden, wo sich andere Pflanzen nicht zu Hause fühlen, kommt der Stab der Königin durch. Ihre fein gefiederten und schwungvollen Blätter erinnern an eine Augenbraue, deswegen tragen sie den Namen: *Supercilium veneris* - Augenbraue der Venus.

Diese Zauberpflanze kann bei verschiedenen Indikationen verwendet werden, von der Wundheilung bis zur Regulierung von Unterbauch-Beschwerden. Genauso wie die mütterliche Kamille trägt die Schafgarbe den Wirkstoff Azulen. Er hat eine königlich blaue Farbe und wird bei einer Wasserdampfdestillation gewonnen. Azulen wirkt beruhigend auf die Haut und sollte in keiner Creme meines Erachtens fehlen. Du kannst ihn ganz einfach immer nach Bedarf in deine Creme mit einrühren. Achte hierbei auf biozertifizierte Destillate, wenn du ihn kaufst.

Den Namen „Schafgarbe“ hat unsere Pflanze sicherlich daher, dass die Schafe ihre Bitterstoffe sehr lieben, sie gerne essen oder an den harten Schirmen der Pflanze schrubbern, um kleine Wunden zu heilen.

Dein Green Magic Ritual:

Hexenbesen basteln

Sich einen Hexenbesen zu basteln, ist unglaublich passend für unsere Stäbekönigin, sie ist die Karte der Hexen.

Wenn du deine Materialien gesammelt hast, kürze deine Zweige mit der Gartenschere auf 50-60 cm. Verdrille - also drehe - die Zweige ineinander in 4 gleich große Bündel, umwickel sie oben mit Draht. Ordne die 4 Bündel mit dem gleichen Abstand zueinander an und befestige auch diese kräftig mit einem Draht. Nun stecke deinen „Besenstiel" mit etwas Wucht in die Mitte der Bündel, es hilft, wenn du das Ende des Stiels ein wenig mit deinem Schnitzwerkzeug wie einen Bleistift vorsichtig anspitzt.

Nun kannst du deinen Besen verzieren! Ich nehme gerne Sonnenblumen und Schafgarbe als Schmuck, weil sie die Energien unserer Stäbekönigin widerspiegeln (auf der Karte siehst du auch eine Sonnenblume). Schmücke deinen Besen nach deinen Vorstellungen so, wie du ihn haben möchtest, mit Federn, Kristallen oder Blumen.

Lasse gerne die Energien deiner Ahnen mit einfließen, der vorvergangenen Hexen. Du kreierst einen Besen, ein magisches Werkzeug, und es ist egal, was andere davon halten, denn du tust es nur für dich und für die Hexen, die verbrannt worden sind.

DU BRAUCHST:

- einen dicken Ast (am besten einen, den du im Wald findest) oder alten Besenstiel
- Birken, Heidelbeer- und Weidenzweige
- Schafgarbe
- Sonnenblume und Blumen deiner Wahl
- Kristalle
- Draht und ein schönes Band zum Verzieren
- eine Gartenschere und scharfes Schnitzmesser
- Arbeitshandschuhe
- Federn

Der König der Stäbe und die Engelwurz

Angelica archangelica

Kompetenz, Führung, Autorität und Schroffheit

Astrologische Zuordnung: Feuer des Feuers

So glücklich sieht der König nicht auf seinem Thron aus, scheinbar hat er seine Stellung nicht freiwillig inne. Er liebt das Entdecken, das Erforschen und hat sehr viel Leidenschaft - das alles kann er als König nicht immer ausleben. Dennoch ist er ein guter König, voller Kompetenz, Führungskraft und Verantwortung. Manchmal kann sein Feuer etwas überhandnehmen und er wirkt etwas schroff. Er ist ein König der Tat, nicht der Worte.

Die Salamander auf seinem Gewand zeigen uns, dass er ein Meister des Feuers ist. Er weiß, wie zerstörerisch das Feuer sein kann, aber auch notwendig. Sein Rat an dich: Fang an zu leben, entzünde deinen Funken und höre auf, dich zu verbiegen! Du wirst nicht allen gerecht werden und dafür bist du auch nicht auf diese Welt gekommen. Es ist dein Leben und dein Feuer, was in deinem Herzen brennt.

Die Heilpflanze: die Engelwurz

Eine ausdrucksstarke Pflanze ist die Engelwurz, sie wächst häufig an feuchten Wiesen und nassen nährstoffreichen Tonböden. Sie gehört zu den Doldenblütlern und kann leicht mit dem giftigen Schierling verwechselt werden, daher ist es sehr wichtig, die Pflanze nur zu ernten, wenn du dir absolut sicher bist und dich auskennst. Wenn du auf Nummer sicher gehen möchtest, kannst du die Wurzeln oder die Stängel auch in der Apotheke kaufen.

Name: Engelwurz, Angelika
Botanischer Name: Angelica archangelica
Familie: Doldenblütler, Apiaceae
Sammelzeit: Juni–September, je nachdem, welche Pflanzenteile man ernten möchte
Standort: Ufer, die zeitweise immer wieder überschwemmt werden
Inhaltsstoffe: Bitterstoffe, Cumarine, ätherisches Öl, Gerbstoffe
Anwendung: bei Appetitlosigkeit, Verdauungsbeschwerden, Völlegefühl, Blähungen, auch als Schnupfencreme
Verwendbare Pflanzenteile: Wurzel, Samen, Blüten und Stängel

Es ist außerdem ratsam, Handschuhe beim Sammeln von Engelwurz zu verwenden, denn ihr Saft kann mit UV-Licht zu Verbrennungen führen, genauso, wie wenn die Energie des Königs überhandnimmt und nicht richtig eingesetzt wird. Doch weiß der *König der Stäbe* seine Grenzen und ist sich seiner Macht bewusst, wie der große Doldenblütler.

Die Engelwurz wirkt karminativ (blähungstreibend). Außerdem regt sie die Magensaft- und Bauchspeicheldrüsen-Sektion an. Sie ist daher ein super Verdauungsförderer als Likör/Tinktur und hilft als sogenannte „Schnupfencreme", lästigen Schnupfen loszuwerden. (Kann man sehr gut in der Apotheke für kleine Kinder kaufen!)

Du darfst max. 4,5 Engelwurz als Droge pro Tag verwenden.

Wenn du dir die Engelwurz genauer ansiehst, kannst du entdecken, dass sie dem Stab vom König sehr ähnlich sieht und die Dolden die Flammen des Stabes sind.

DU BRAUCHST:

- 350 g Engelwurz-Stängel
- 500 g Zucker
- 350 ml Wasser

Dein Green Magic Ritual:

Kandierte Königsstäbe

Wasche die Stängel und schneide sie in ca. 5-10 cm lange Stücke, lasse sie dann 2 Minuten im kochenden Wasser köcheln. Gieße das Wasser nach dem Köcheln ab und schrecke die kleinen Stäbe kurz mit Eiswasser ab.

Erhitze dann 350 ml Wasser und 500 g Zucker in einem Topf. Gib nach ca. 5-10 min, wenn der Zucker ein bisschen breiig ist, den Engelwurz dazu. Koche alles gemeinsam ca. 4 min. Danach darf alles für 12 Stunden ziehen.

Nimm am nächsten Tag die Stäbe heraus, erhitze nochmal den Zuckersud. Wenn er wieder anfängt einzudicken, lege die Engelwurzstängel für 3 min hinein.

Nimm dann die Stäbe heraus und trockne sie auf einem Backblech, bis sie nicht mehr klebrig sind. Sie müssen vollständig getrocknet werden. Du kannst die Stäbe auch für mehrere Stunden bei 50 Grad in den Backofen legen. Nach dem Trocknungsprozess kannst du deine eigenen Feuerstäbe trocken und geschlossen lagern.

Du kannst sie zum Backen als Ersatz für Orangeat verwenden oder sie auch so genießen, wenn du mehr Feuer brauchst oder dir der *Ritter der Stäbe* in deinen Legungen erscheint. Mhmmm!

Die Kelche und das duftende Mariengras
Hierochloe odorata

Die Kelche stehen für unsere Welt der Gefühle, unbewusste Themen und das Element Wasser. Wasser symbolisiert Passivität, Anpassungsfähigkeit und die innere Wirklichkeit. Es fließt genauso wie unsere Emotionen, egal, wie sehr wir gegen sie kämpfen, sie werden immer einen Weg finden, darum lass sie fließen und suche eine Möglichkeit, mit den Emotionen umzugehen.

Wenn du einen Samen in den Boden legst, wird er nicht von allein wachsen, du musst ihn wässern und pflegen, damit aus dem Samen eine wunderschöne Pflanze wird, die dein Herz berührt.

Wenn man vom *Ass der Kelche* bis zum *König der Kelche* reist, ist es der Weg der Inneren Weisheit und Gefühle. Du lernst die Leidenschaft, Liebe, das Feiern, Annehmen, Enttäuschungen, Zurücklassen und den Verlust kennen.

Wenn wir schließlich bei den Hofkarten ankommen, können uns die Pflanzen, die ich ausgewählt habe, großartige Energien schenken. Sie korrespondieren sehr gut mit den Emotionen der jeweiligen Hofkarte.

Die Heilpflanze: das Mariengras

Das duftende Mariengras ist eine heilige Wasserpflanze. Sie wächst an Ufern und ist sehr selten. In anderen Nationen, zum Beispiel bei den Nativ Americans, gibt es das sogenannte „Süßgras", das mit unserem heimischen verwandt ist. Die Native Americans flechten gerne aus diesem Gras einen Zopf, der zum Räuchern verwendet wird. Es ist ein heiliger Prozess, von der Ernte der Pflanze bis hin zum Binden, und wird mit äußerstem Respekt vor Mutter Erde ausgeführt. In Räucherzeremonien wird es dazu verwendet, die Geister einzuladen und das Herz mit Liebe und Leichtigkeit zu füllen. Das Süßgras wird der Venus gewidmet, die für Liebe und Hingabe steht. Aus diesem Grund ist diese Pflanze sehr passend für die Kelche.

Ich selbst habe diese Pflanzen in verschiedenen Tontöpfen gezüchtet und der süße vanilleartige Geruch ist sehr betörend. Aus einem Buch, das von einer indigenen Botanikerin geschrieben wurde, durfte ich lernen, dass das Mariengras nicht verkauft werden sollte, sondern immer nur verschenkt, da es ein Geschenk der Natur an uns ist. *Wann hast du das letzte Mal etwas, das du mit deinen eigenen Händen hergestellt hast, verschenkt?*

Name: Mariengras, Vanillegras
Botanischer Name: Hierochloe odorata
Familie: Poaceae – Gräser
Sammelzeit: Rote Liste
Standort: sonnig–halbschattig, feuchter Boden
Inhaltsstoffe: Cumarine
Anwendung: Keine pharmazeutische Verwendung, spirituelle Verwendung oder in Lebensmittel
Verwendbare Pflanzenteile: Gräser

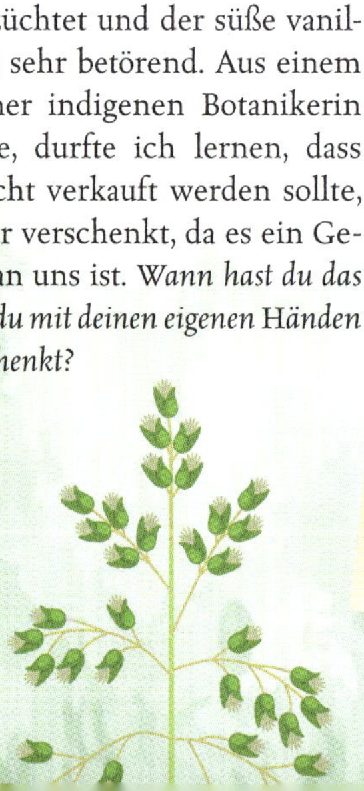

Dein Green Magic Ritual:

Mariengraszopf flechten

Ich selbst habe das seltene Mariengras nur sehr vereinzelt an Ufern gesehen. Es steht auf der Roten Liste und sollte daher nicht wild geerntet werden! Aber im Garten oder in einem Topf, drinnen sowie draußen, ist es sehr gut zu kultivieren. Wenn das Mariengras zwischen 20-30 cm lang ist, kannst du es ernten. Ich schneide die Halme nie ganz ab, damit die Pflanze sich erholen kann. Ich zupfe einzelne Halme heraus und andere schneide ich, je nachdem, wie ich mich fühle oder das Gefühl habe, dass es richtig für einen stabilen Nachwuchs ist.

Wenn ich genügend gesammelt habe (es sollte in etwa so viel sein wie ein dünner Haarzopf), flechte ich das Gras genauso, wie ich den Pferdeschwanz meiner besten Freundin flechten würde, voller Hingabe und Liebe. Dafür lege ich alle Halme in eine Richtung, umknote den Anfang mit einem Wollfaden und bilde drei Strähnen, die ich abwechselnd übereinanderlege. Zum Schluss befestige ich die Enden mit Schnüren. Nun ist die Zeit des Schenkens gekommen. *Wem möchtest du dein heiliges Geschenk geben?*

Der Page der Kelche und die Kornblume

Centaurea cyanus

Tagträumen, Versöhnung, Intuition, Sensibilität

Astrologische Zuordnung: Erde des Wassers

D*er Page der Kelche* hat eine große Stärke, eine, die wir während des Erwachsenwerdens häufig verlieren: die Kraft der Imagination, der Fantasie und die Kunst, im Hier und Jetzt zu leben. Er ermutigt dich, an deine Gefühle zu glauben und dich dem Strom des Lebens hinzugeben.

Den Fisch, der aus seinem Kelch springt, untersucht der Page neugierig. Er ist eine Symbolik dafür, dass er selbst seine Gefühle erforscht und lernt, was es bedeutet, auf sein Bauchgefühl bzw. seine Intuition zu hören.

Die Heilpflanze: die Kornblume

Name: Kornblume
Botanischer Name: Centaurea cyanus
Familie: Korbblütler, Asteraceae
Sammelzeit: Juni–September
Standort: Blühstreifen (März–April aussäen)
Inhaltsstoffe: Flavonoide
Anwendung: Tonikum und Schmuckdroge
Verwendbare Pflanzenteile: Blüten

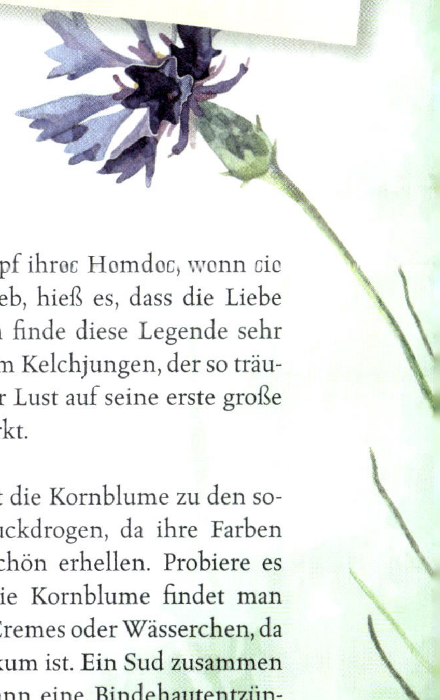

Der Page schaut seinen Fisch verträumt an, scheinbar weiß er noch nicht so ganz, wohin mit seinen Gefühlen … Ich habe eine sehr passende Heilpflanze für ihn entdeckt. Am häufigsten sieht man diese Heilpflanze in blau, aber es gibt sie auch von weiß bis dunkelrot, die Rede ist von der wunderschönen Kornblume.

Im englischsprachigen Raum verwendet man die Kornblume für den berühmten Abzählreim: Er liebt mich, er liebt mich nicht … Hast du das früher auch gemacht? Ich weiß nicht, wie viele Gänseblümchen meinen kindlichen Händen verfallen sind. Früher trugen die Junggesellen des Königsland die Kornblume an einem Knopf ihres Hemdes, wenn sie strahlend blau blieb, hieß es, dass die Liebe erwidert wird. Ich finde diese Legende sehr passend zu unserem Kelchjungen, der so träumerisch und voller Lust auf seine erste große Liebe auf mich wirkt.

In einem Tee zählt die Kornblume zu den sogenannten Schmuckdrogen, da ihre Farben den Tee wunderschön erhellen. Probiere es gerne mal aus! Die Kornblume findet man auch öfter mal in Cremes oder Wässerchen, da sie ein tolles Tonikum ist. Ein Sud zusammen mit Augentrost kann eine Bindehautentzündung abwenden.

Dein Green Magic Ritual:

Zauber, um Verbindungen zu lösen

Ich bin kein Fan von Liebeszauber. Daher habe ich einen kleinen Zauber geschrieben, der beim Lösen von Verbindungen hilft. Eine Schattenseite des Pagen ist, dass er seinen Tagträumen gerne hinterherhängt und sich nicht auf das Neue konzentrieren kann. Er ist so vertieft in seinen Kelch, dass es ihm schwerfällt, die Außenwelt wahrzunehmen. Und das kann dir auch passieren, wenn du in Liebeleien verwickelt bist, die dir nicht guttun, oder Freundschaften hast, die dich ausbremsen. Oder es dreht sich um Energien, die du von deinen Ahnen mitbekommen hast und die dir nicht dienlich sind.

Mit den Kornblumenköpfen oder Blüten zeichnest du ein Pentagramm auf ein Holzbrett. In der Mitte platzierst du eine kleine Kristallschale mit Wasser, auf der gerne auch ein paar Kornblumenblüten tanzen dürfen. Auf der linken Seite innerhalb des Pentagramms ist die weiße Kerze und auf der rechten Seite die schwarze Kerze. Knote in der Mitte deiner Baumwollschnur einen Knoten und verbinde beide Kerzen mit der Schnur, diese sollte mittig an den Kerzen befestigt sein.

Schreibe den Namen, die Energie oder das Thema, wovon du dich lösen möchtest, auf ein Blatt Papier und lege es mit in die Schale. Entzünde mit einem Streichholz beide Kerzen und wiederhole laut immer wieder:

„Liebes Universum/Spirit/Hekate … Ich bitte dich um die Auflösung der Verbindung von …. Oder: Ich bitte die Ablösung von der Energie …. im höchsten und besten Sinne."

Wiederhole die Worte im Singsang so lange, bis die Kerzen zu dem Punkt heruntergebrannt sind, wo die Schnur sich auch entzündet. Sei vorsichtig und pass auf.

Wenn die Schnur sich trennt, sage die Worte: „So sei es" drei Mal laut vor dich hin und verharre in Stille, bis die Kerzen komplett heruntergebrannt sind.

Gib das Wasser und dein Pentagramm der Natur zurück und vergrabe deinen Zettel unter einem Baum deiner Wahl (Holunder eignet sich gut).

DU BRAUCHST:

- eine weiße und eine schwarze Kerze (durchgefärbt mit einer Brenndauer von 15-30 min)
- Kornblumenblüten
- eine Schale mit Wasser (am besten Neumond oder Alchemistenwasser, s. *Königin der Kelche*)
- eine Baumwollschnur

Warnung:

Sei dir bewusst, dass du hier eine Verbindung löst. Dies kann nachwirken und sich schmerzhaft anfühlen. Dieses Lösungsritual sollte im vollen Bewusstsein und einem gestärkten Mindset durchgeführt werden.

Der Ritter der Kelche und die Goldrute

Solidago virgaurea

Mitgefühl, Sanftheit, Verbundenheit, Imagination

Astrologische Zuordnung: Luft des Wassers

Ganz hypnotisiert ist unser Ritter von seinem Kelch, er scheint zu meditieren, und dennoch schreitet er mit seinem Pferd langsam voran. Dieses Bild bedeutet, dass dieser Ritter voller Liebe, Sanftheit und Mitgefühl handelt, sich selbst und anderen gegenüber. Die Fische auf seinem Gewand zeigen die Nähe zum Wasser, das für unsere Gefühle steht, und aus diesem Grund habe ich eine Pflanze gewählt, die unser Wasserhaushaltssystem durchspült.

Eine kleine Warnung habe ich noch für dich, wenn du diese Karte als Tageskarte ziehst: Gefühle zuzulassen ist unglaublich wertvoll, aber pass auf, dass dich das Wasser nicht zu sehr wegspült!

Die Heilpflanze: die Goldrute

Name: gewöhnliche, echte oder gemeine Goldrute
Botanischer Name: Solidago virgaurea
Familie: Korbblütler, Asteraceae
Sammelzeit: August–Oktober
Standort: Lichte Laubwälder, sonniger und trockener Boden
Inhaltsstoffe: Flavonoide (Rutosid), Saponine, Glykoside, ätherisches Öl
Verwendung: Harnwegsentzündungen
Verwendbare Pflanzenteile: Kraut

Es gibt mehrere Goldrutenarten, die man hier in Deutschland findet. In der Phytotherapie wird meist die echte Goldrute (Solidago virgaurea) verwendet, die auch in Deutschland beheimatet ist. Immer öfter sieht man die Kanadische Goldrute (*Solidago canadenis*), sie ist ein invasiver Neophyt (d.h., sie wächst nicht ursprünglich bei uns) und verdrängt unsere beheimatete Goldrute.

Die Goldrute hat aufgrund ihrer Flavonoide, Saponine und Glykoside eine harntreibende und nierenanregende Wirkung, weshalb sie gerne bei Blasenentzündungen als Tee verwendet wird.

Sie wird dem Wasser, also den Kelchen, zugeordnet. Eine ihrer magischen Fähigkeiten ist es, unsere Gefühle anzuregen, wenn wir sie verräuchern. Die Pflanze zeigt uns unsere Emotionen auf und hilft uns, uns unseren Gefühlen zu stellen. *Der Ritter der Kelche* ist eine romantische Person, und so ist auch die Botschaft der Pflanze, sie steht für Liebe, Selbstliebe und Romantik, sie lässt uns tief in unsere Gefühlswelt blicken.

Dein Green Magic Ritual:

Goldrute auf Kohle räuchern

Es gibt viele Möglichkeiten, zu räuchern, gebunden als Stick, auf einem Stövchen oder auf sogenannter Holzkohle. Du bekommst die Kohle in spirituellen Läden oder auch im Sishaladen. Wenn du mit Kohle räucherst, beachte, dass du die Kohle in eine feuerfeste Schale legst, ich verteile immer zusätzlich Vogelsand in die Schale, damit sie nicht zu heiß wird. Die Kohle kannst du mit einem Feuerzeug entzünden, achte aber bitte auf deine hübschen Finger. Wenn die Kohle kleine knisternde Flämmchen bildet, kannst du dein getrocknetes Räuchergut auf sie rieseln lassen.

Wenn du im Haus räuchern möchtest, dann mach vorsichtshalber deine Feuermelder aus. Kinder und Haustiere sollten den Rauch nicht einatmen.

Eine tolle Räuchermischung, um in die Energie von unserem *Ritter der Kelche* zu kommen und die magische Wirkung auf deine Gefühle zu spüren, ist diese hier:

DU BRAUCHST:

- Goldrutenblüten, die kanadische findet man zahlreich in der Natur und diese sammle ich wild. Ich sammle unsere heimatliche nicht, da ich den Bestand nicht reduzieren möchte.
- Rosenblüten
- Fichtenharz (komplett getrocknet)
- Heildelbeerblätter

Alle diese Pflanzen wachsen bei uns in Deutschland und dürfen gesammelt werden. Manchmal verfeinere ich diese Mischung mit den blauen Blüten der Kornblumen. Denn ich liebe die Magie, welche alle Kräuter und Harze gemeinsam versprühen.

Wichtig ist, dass alle Zutaten getrocknet sind und keine Restfeuchte besitzen, das erzeugt einen nicht so schönen Rauch.

Die Königin der Kelche und der Frauenmantel

Alchemilla vulgaris

Sozial, Kreativität, Leidenschaft, Familie

Astrologische Zuordnung: Wasser des Wassers

Die *Königin der Kelche* ist der Inbegriff der bedingungslosen Liebe und des intensiven Gefühls. Schau dir den wunderschönen und reich verzierten Kelch der Königin an, sie selbst hat ihn gestaltet, mit all ihrer Hingabe und Kreativität.

Die Karte möchte dich daran erinnern, dich den Wellen der Emotionen und Kreativität hinzugeben. Du darfst genauso in deinen Kelch versinken, wie die Königin es tut. Du darfst einfach sein und fühlen, denn hier ist der weite, nicht endende Ozean abgebildet. Lass deinen Gefühlen freien Lauf, lass den Druck auf deinem Herzen entweichen, gib dich deiner Einzigartigkeit hin! Komme aber genauso wieder zurück in deine Aktivität, denn wenn du nicht aufpasst, dann fließt du ins Meer, so wie das Kleid der Königin es schon tut.

Die Heilpflanze: der Frauenmantel

Name: Frauenmantel, Alchemistenkraut
Botanischer Name: Alchemilla vulgaris
Familie: Rosengewächse, Rosaceae
Sammelzeit: Mai–September
Standort: normaler Gartenboden
Inhaltsstoffe: Gerbstoffe, Flavonoide
Anwendung: bei Menstruationsbeschwerden, Wechseljahresbeschwerden, leichten Durchfallerkrankungen
Verwendbare Pflanzenteile: Blätter

Dass der Frauenmantel zur *Königin der Kelche* gehört, war mir sehr schnell klar, als ich an einem freien Tag im Sommer früh bei Sonnenaufgang in meinen Garten ging und die kleinen Wassertröpfchen auf dem Frauenmantel entdeckte. Wie kleine Diamanten glitzerten die Guttationstropfen auf dem Frauenmantel, denn diese magische Pflanze besitzt den sogenannten „Lotuseffekt". Als Guttation bezeichnet man den Vorgang, bei dem eine Pflanze ihre Xylemflüssigkeit über die Blattränder absondert.

Die Blattform des Frauenmantels erinnert nicht nur an den Mantel der Jungfrau Maria, sondern auch an den Schoß einer Frau, vor allem, wenn sich die Guttationstropfen in der Mitte der Pflanze sammeln und der Tropfen wie die Frucht einer werdenden Mutter aussieht.

Ich pflückte mir ein Blatt, formte ihn zu einer kleinen Schale (Kelch) und alle kleinen Tröpfchen wanderten in die Mitte, die ich voller Dankbarkeit aus dem Schoß des Frauenmantels trank. Und so war die Pflanze für unsere *Königin der Kelche* geboren.

In der Phytomedizin wird der Frauenmantel aufgrund seiner Gerbstoffe gerne gegen Magen- und Darmbeschwerden wie Durchfall verwendet. Aber auch in der Frauenheilkunde

ist der Frauenmantel vertreten und passt daher einfach hervorragend zu unserer *Königin der Kelche*, denn durch ihren hohen Gehalt an Phytogestagenen hilft sie vor allem uns Frauen, uns in der zweiten Zyklushälfte zu entspannen. Sie bringt uns wieder ins hormonelle Gleichgewicht, wenn der Anteil an Progesteron zu wenig ist (zweite Zyklushälfte). Und auch nach der Geburt kann unsere kleine Alchemistin (Alchemilla: kleine Alchemistin) mit ihren Gerbstoffen zur Wundheilung helfen.

Alles in allem ein wundervolles Frauenkraut rund um das Thema Zyklus, Geburt und Heilung.

Dein Green Magic Ritual:

Fülle deinen Kelch mit kleinen Diamanten

Der Frauenmantel ist ein sehr weit verbreitetes Heilkraut und könnte sich auch in deinem Garten befinden. Meistens bilden sich morgens die Guttationstropfen, wenn die Pflanze mit Wasser und Nährstoffen gesättigt ist. Nimm dir einen kleinen Kelch oder ein anderes Gefäß und sammle die kleinen Diamanten der Heilpflanze. Die Druiden sind davon überzeugt gewesen, dass diese Tropfen eine immense Macht haben, weswegen sie bei rituellen Reinigungsritualen verwendet wurden.

Bei Voll- oder Neumond gesammeltes Alchemistenwasser hat laut vielen magischen Büchern eine noch höhere spirituelle Kraft, da es von der Magie des Mondes aufgeladen wird. Ich sammle mein Alchemistenwasser immer nach meiner Intuition. Ich verwende das Wasser auch gerne bei Reinigungsritualen, innerlich sowie äußerlich. Oder lade meine Heilsteine mit diesem Wasser auf. Lass deiner Intuition freien Lauf!

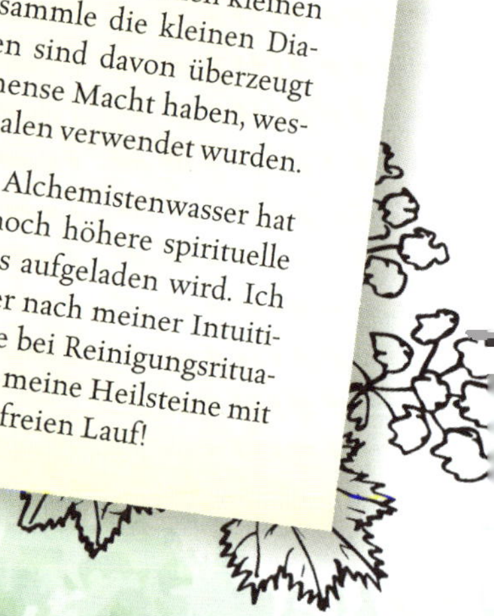

Der König der Kelche und der Hopfen

Humulus lupulus

Emotionale Autorität, Fantasie, Kreativität

Astrologische Zuordnung: Feuer des Wassers

Der Herrscher über die Gefühle! Aufrecht, souverän und sicher sitzt der *König der Kelche* auf seinem Thron, er hat die Verbindung zu seinen Gefühlen, wenn er sie benötigt, ansonsten stehen seine Füße auf dem trocknen Boden. Er rennt keinen Tagträumen hinterher, wie der Page es tut, sondern hat seinen Kelch wie einen Zepter in der Hand, den er nicht anschaut. Er steht für seine emotionale Autorität, er kann anderen den Weg weisen und helfen, mit ihren Gefühlen umzugehen. Seine Miene ist schwer zu deuten: Welches Gefühl spielt sich bei ihm ab?

Die Heilpflanze: der Hopfen

Name: Hopfen
Botanischer Name: Humulus lupulus
Familie: Hanfgewächse, Cannabaceae
Sammelzeit: August – September, die Zapfen sind reif zur Ernte, wenn man beim Öffnen das gelbe Pulver sieht (Lupullin)
Standort: halbschattig, nährstofffrei
Inhaltsstoffe: Harze, Gerbstoffe, Phytoöstrogene, Bitterstoffe, ätherisches Öl
Anwendung: bei Einschlafstörungen, Unruhe; auch eine Zutat für Bier
Verwendbare Pflanzenteile: Hopfenzapfen

Hast du schonmal den wilden Hopfen gesehen? Die puscheligen Zapfen des weiblichen Hopfens sind einfach wunderschön anzuschauen! Außerdem rankt er so toll, kein Wunder, dass ich ihn in meinem verwunschenen Garten anbaue, denn man kann nicht nur Bier aus den Hopfenzapfen machen, sondern auch leckeren falschen Spargel. Die Triebspitzen vom wilden Hopfen können von März bis Mai gesammelt und in Öl gebraten oder auch kurz blanchiert werden. Etwas Salz und Pfeffer und fertig ist der „falsche Spagel", er schmeckt ähnlich wie der grüne Spargel.

Aufgrund ihres Harzes können Hopfenzapfen auch sehr gut zum Räuchern verwendet werden. Als ich im Klostergarten der Hildegard von Bingen eine Führung mitgemacht habe, wurde mir gesagt, dass sie den Wein den Frauen zugesagt hat und den Hopfen als Pflanze für die Männer ausgesucht hat. Daher finde ich ihn sehr passend für unseren gefühlvollen *König der Kelche*. Der Hopfen kann das Nervensystem entspannen und hilft dir, zu deinen Gefühlen durchzudringen. Und das mit einer tollen Yang-Energie! Ein Hopfentee am Abend, verfeinert mit Lavendel, lässt dich leichter in den Schlaf gleiten. Es gibt ihn natürlich auch als Kapseln mit passenden Heilpflanzen fertig zu kaufen. Bitte denke daran, bei langanhaltenden Schlafproblemen einen Arzt/Ärztin aufzusuchen, Hopfen kann uns gut unterstützen, aber sollte nicht als Allheilmittel angesehen werden. Übrigens ist ein Bier am Abend keine so gute Idee, denn der Alkohol kann deine Nieren reizen und dein Schlaf kann durch nächtlichen Harndrang unterbrochen werden.

Der Hopfen zeigt uns zielstrebig, sicher und mit klarer Intention unsere Gefühlswelt, genau wie der *König der Kelche*, aus diesem Grund korrespondiert die Heilpflanze mit seiner Energie. Die Schattenseite der Kelche ist die Aufgewühltheit unserer Emotionen. Dabei kann uns Hopfen in Form eines Tees helfen, wieder in die Balance zu kommen.

Dein Green Magic Ritual:

Deine Kelchsalbe herstellen

Wichtig bei jeder Herstellung einer Salbe oder Creme ist das Vorbereiten deines Arbeitsplatzes, das bedeutet, dass du zunächst alles desinfizieren solltest, was mit deiner Salbe in Kontakt kommt. Erwärme dann in einem hitzebeständigen Glas das Bienenwachs/Beerenwachs sowie deinen Ölauszug. Achte darauf, es langsam zu schmelzen, am besten in einem Wasserbad, schnelles Aufheizen kann die Moleküle beschädigen. Niemals über 70 Grad, das lässt dein Öl ranzig werden.

Wenn dein Wachs geschmolzen ist, kannst du das Glas aus dem Wasserbad herausnehmen und dein Hagebuttenöl oder Rosenöl und die Tinktur unter ständigem Rühren (zum Beispiel mit einem Milchaufschäumer) hinzufügen. Rühre so lange, bis sich eine mayonnaise-artige Konsistenz entwickelt und deine Salbe merklich abgekühlt ist, erst dann fügst du dein ätherisches Öl hinzu.

Nun kannst du deine Kelch-Salbe in einen schönen Tiegel abfüllen. Sie ist ein Jahr verwendbar, wenn du sauber gearbeitet hast.

Wenn du in einem Gebiet lebst, wo Hopfen gewerblich angebaut wird, achte darauf, dass du nur weiblichen Hopfen anpflanzt, der männliche muss sofort vernichtet werden, habe ich mir von einem befreundeten Bierbauer sagen lassen. Männliche Hopfendolden verhindern nämlich die Schaumbildung beim Bier. Männliche Blüten wachsen in Rispenform und sind gelbgrün sowie hervorstechend. Weibliche Blüten sind voluminös und wachsen wie Ähren in Zapfenform, wenn du dir Samen kaufst, kannst du dir eigentlich sicher sein, dass es weibliche sind.

Salben und Cremes herzustellen, gehört zu dem kleinem 1 x 1 einer Hexe oder Zauberer 😊 Hier kreierst du eine mit der Energie des Kelches. Der Unterschied zu einer Creme ist, dass diese einen Anteil an Wasser aufweist, der mit Hilfe eines Emulgators in die Grundlage eingearbeitet wird.

DU BRAUCHST:

- 60 g Hopfenölauszug (aus 3 Händen voll frischen Hopfenzapfen & 100 g Olivenöl), die beste Sammelzeit für die Hopfenzapfen für diese Salbe ist: August-September.
- 20 g Hagebuttenöl oder eine andere Rosenart (Verwende gerne das Rezept von deinem Schicksalsöl und tausche die Calendula gegen deine Wunschrose aus)
- 10 g Tinktur aus z.B.: Rotklee, Ringelblume, Spitzwegerich
- 10 g Wachs z.B.: Bienenwachs oder Beerenwachs für Veganer
- 10 Tropfen ätherisches Öl nach Wahl
- Milchaufschäumer
- Ethanol zum Desinfizieren
- Tiegel zum Abfüllen

Die Schwerter und das Mädesüß

Filipendula ulmaria

Die Schwerter werden dem Element Luft zugeordnet und unserem Geist, unserer Kommunikation und Mindset. Der sogenannte „Schwerterweg“ vom *Ass der Schwerter* zum *König der Schwerter* wird vom Verstand und Intellekt regiert, Gefühle, Leidenschaft oder Fruchtbarkeit haben hier keinen Platz, denn die Luft ist die Atmosphäre, gefüllt mit lebenswichtigem Sauerstoff, aber nicht greifbar wie die Erde, sichtbar wie das Wasser oder so spürbar wie das Feuer. Wir können die Luft um uns herum fühlen, mal warm, mal kalt, aber sehen können wir die Luft und unsere Gedanken nicht, beide sind grenzenlos.

Beim *Ass der Schwerter* beginnt es mit einer Idee, einer Chance, einem Gedanken und dieser entwickelt sich wie das Element Luft: zu einer Windböe, einem Sturm und zu einem Ungewitter bei der *Zehn der Schwerter*. Bei den Hofkarten angekommen, spüren wir wieder frischen Wind und die Luft wird irgendwann klar, frisch und voller Sauerstoff, was der *König der Schwerter* symbolisiert.

Auch wenn uns der Weg der Schwerter schwer und wie ein Albtraum vorkommt, sollte uns bewusst sein, dass diese Karten unseren Verstand symbolisieren. Wir selbst sind Herr oder Herrin über unsere Gedanken und können sie so lenken, wie wir wollen. Ein festgefahrener Gedanke wird uns nichts nützen, fordert uns aber auf, sich mit unserem Bewusstsein, unserem Verstand auseinanderzusetzen.

Aus diesem Grund habe ich eine Heilpflanze gewählt, die auch schon unsere Vorfahren von lästigen Kopfschmerzen befreit hat.

Die Heilpflanze: das Mädesüß

Name: echtes Mädesüß
Botanischer Name: *Filipendula ulmaria*
Familie: Rosengewächse, Rosaceae
Sammelzeit: Juni–August
Standort: an Ufern, feuchter Boden
Inhaltsstoffe: ätherisches Öl (Salicylaldehyd und Salicylsäuremethylester), Flavonoide, Gerbstoffe
Anwendung: gegen Sodbrennen und Schmerzen, Erkältungskrankheiten
Verwendbare Pflanzenteile: alle Pflanzenteile, bevorzugt die Blüten

Legenden schwirren um den Namen dieser Heilpflanze, eine schöne stammt aus der keltischen Mythologie: Gwydon und Math haben aus Eiche, Ginster und Mädesüß das weibliche Zauberwesen „Blodeuwedd" (was so viel wie „aus Blumen geboren" oder „Blumengesicht" bedeutet) erschaffen, welches ein unwiderstehliches Mädel war. Dies könnte eine Herleitung des Namens von „süße Maid" auf Mädesüß gewesen sein.

Eine andere Erklärung sieht den Ursprung des Namens darin, dass es einen angenehmen süßen Duft verströmt beim Mähen, weshalb die Engländer es auch „Meadow sweet" nennen.

Aus Mädesüß wurde Met hergestellt, Hildegard von Bingen hat das Mädesüß nicht nur wegen der entzündungshemmenden Umschläge geliebt, sondern auch, weil es dem Wein eine gewisse Süße gibt. Diese Heilpflanze ist heute ziemlich in Vergessenheit geraten, sie schmückt im Sommer die Bächlein meiner Heimat und nicht nur der Duft beim Verräuchern ist unverkennbar, auch der Geschmack erinnert mich an Marzipan, kein Wunder, denn es enthält auch Vanillin. Aufgebrüht als Tee wirkt es entzündungshemmend und ist der Vorreiter unseres heutigen Aspirins. In dem Mädesüß befinden sich die Stoffe: Salicylaldehyd und Salicylsäuremethylester, die im Körper so aufgespalten werden, dass Salicylsäure, der Wirkstoff von z.B. Kopfschmerztabletten, entsteht, daher auch der Name: Wiesenaspirin. Als Tee getrunken (1 El mit 250 ml kochendem Wasser und 10 min ziehen lassen) ist es natürlich schwächer als ein synthetisch hergestelltes Schmerzmittel, kann aber bei leichten Kopfschmerzen, die sich beim Arbeiten mit den Schwertern häufig bemerkbar machen, gute Dienste vollbringen. Nach einem fettigen Mahl kann ein Tee oder eine Süßspeise mit Mädesüß auch Sodbrennen entgegenwirken.

Achtung:

Bitte diese Pflanze wie alle anderen nicht bei Allergien verwenden. Das gilt hier auch bei einer Allergie von Aspirin oder wenn du Blutverdünner einnimmst!

Dein Green Magic Ritual:

Pflanzengeist des Mädesüß

Mädesüß besitzt als Pflanzengeist ein sanftes Gemüt. Es fördert die Gelassenheit und lindert Kopfschmerzen. Es fördert Freigiebigkeit, Güte, Weltoffenheit, innere Freiheit und Leichtigkeit, sich anderen zuzuwenden. Du kannst es in der Blütezeit sammeln und es in den Raum in eine Vase stellen, in dem du gerne zur Ruhe kommst, damit dich das Mädesüß unterstützen kann. Es gehört zu den sogenannten „Druidenkräutern" und die Blüten können sehr gut verräuchert werden. Wenn du das Gefühl hast, dass du Leichtigkeit im Kopf brauchst, greife gerne zu diesen wunderschönen Puscheln, rieche daran, verräuchere sie oder nimm sie als Tee zu dir. Die Sammelzeit um das Fest der Sommersonnenwende soll laut Volksglauben am wirkungsvollsten sein.

Der Page der Schwerter und die Pfefferminze

Mentha x piperita

Konfliktscheu, unvorsichtig, Intelligenz, Ideenreichtum

Astrologische Zuordnung: Erde der Luft

Findest du auch, dass das Schwert des Pagen ein wenig zu groß für ihn ist? Er weiß noch nicht so richtig, wohin mit seiner Kraft, er merkt, dass er sich auf den Weg zu etwas Höherem macht und seine Intelligenz sowie Ideenreichtum groß ist, doch fehlt ihm noch etwas. Diese Karte ist eine der Karten, die dir Gegenwind voraussagt, und das ist dein Glück, darauf kannst du dich vorbereiten, deinen Fokus setzen und dich wappnen.

Fragen, die du dir hier stellen darfst: *Wo liegt mein Fokus? Wie gehe ich mit Kritik um? Wie kann ich meine Gedanken und Worte formen, sodass sie mir dienlich sind?*

Die Heilpflanze: die Pfefferminze

Unser *Page der Schwerter* ist sehr konfliktscheu, doch leider verschwinden Probleme nicht von allein. Das Grübeln und die unbewusste Belastung können starke Kopfschmerzen auslösen, weswegen ich eine Pflanze ausgewählt habe, die alles wieder in Balance bringt, nämlich die Pfefferminze. Es gibt sie in so vielen verschiedenen Arten, dass es gar nicht möglich ist, alle aufzuzählen. Genauso viele Legenden weben sich um diese Heilpflanze. Sie soll Glück, einen klaren Geist und viel Geld denjenigen bringen, die sie im Garten haben.

Diese Heilpflanze hilft nicht nur bei einem unruhigen Magen, sondern ihre ätherischen Öle können auch Kopfschmerzen verschwinden lassen, sodass du dich wieder fokussieren und deine Gedanken zu Ende bringen kannst. Sie balanciert die Energie des Pagen gut aus.

In Cocktails macht sich Pfefferminze auch super, sie ist auch sehr einfach in einem Topf für deine Küche großzuziehen und kann über Stecklinge vermehrt werden.

Name: Pfefferminze
Botanischer Name: Mentha x piperita
Familie: Lippenblütler, Lamiaceae
Sammelzeit: Mai– September
Standort: halbschattige feuchte Böden
Inhaltsstoffe: ätherisches Öl (bis zu 60 % Menthol), Flavonoide, Gerbstoffe, Bitterstoffe
Anwendung: bei Magen- und Darmbeschwerden sowie Kopfschmerzen, Kosmetik durch antibakterielle Wirkung, akutes Erbrechen, Gallenbeschwerden
Verwendbare Pflanzenteile: oberirdisches Kraut

Dein Green Magic Ritual:

Kerzenzauber für deinen Fokus

Am Anfang eines Kerzenzaubers setzen wir uns eine Intention, in diesem Fall, mehr Fokus zu erlangen. Jede Kerzenfarbe ist für einen anderen Zauber bestimmt, wenn du eine weiße Kerze nimmst, ist sie frei von Bestimmungen und kann für jede Intention verwendet werden, die du möchtest.

Salbe deine Kerze, indem du das Olivenöl auf sie träufelst und sie einreibst. Breite deine Kräuter auf einen Teller aus, tropfe 2-3 Tropfen von dem Pfefferminzöl hinein und mische alles ordentlich. Rolle deine Kerze in deiner Mischung, stelle sicher, dass alles mit Kräutern bedeckt ist.

Stecke deine gesalbte Kerze auf deinen Kerzenständer und rufe deine Intention beim Entzünden der Kerze vor dein inneres Auge. Beobachte die Flamme der Kerze, vielleicht erkennst du in ihr etwas, was dir helfen kann, mehr Fokus zu erlangen? Schreibe deine Erkenntnisse gerne in dein „Buch der Schatten" oder Journal auf.

DU BRAUCHST:

- eine durchgefärbte silbergraue oder weiße Kerze, am besten Stabkerzen mit einer Brenndauer von 30 min bis einer Stunde
- getrocknete Pfefferminzblätter
- blaue Blüten wie Kornblumen
- getrocknete Zitronenschalen
- Olivenöl
- Ätherisches Pfefferminzöl
- Wenn du hast, einen Flourit, er stärkt die Energie des Fokus
- Streichhölzer
- Kerzenhalter

Achtung:

Durch die Kräuter kann es sein, dass die Flamme höher wird als gewöhnlich, lasse daher deine Kerze nicht aus den Augen!

Der Ritter der Schwerter und der Kümmel

Carum carvi

Stürmisch, ungestüm, Schnelligkeit, Eifer

Astrologische Zuordnung: Luft der Luft

Die Ritter haben den Vorteil, dass sie freier agieren können als die Könige, sie haben weniger Verantwortung und werden nicht so stark zur Rechenschaft gezogen. Die Ritter stehen auf unser Leben bezogen für die Zeit der Pubertät, bis ca. 25 Jahren. In dieser Zeit weiß man noch nicht so richtig, welche Tragweite Worte haben können, und oftmals sind unsere Reaktionen nicht ganz angemessen auf die Situation. Das dürfen wir aber lernen, und die Erwachsenen, also das Königspaar, schmunzeln ab und zu über die Ungestümtheit und weisen die Ritter in die Schranken.

Der *Ritter der Schwerter* ist furchtlos und wild, er reitet geschwind und ist unser schnellster Ritter, genauso wie Worte unsere schnellste Waffe ist. Die Energie darfst du nutzen und zügeln, wenn sie zu viel Wind in dir entfachen sollte, denn du bist Herr*in über deine Gedanken und Worte, auch wenn es sich manchmal nicht so anfühlt.

Die Heilpflanze: der Kümmel

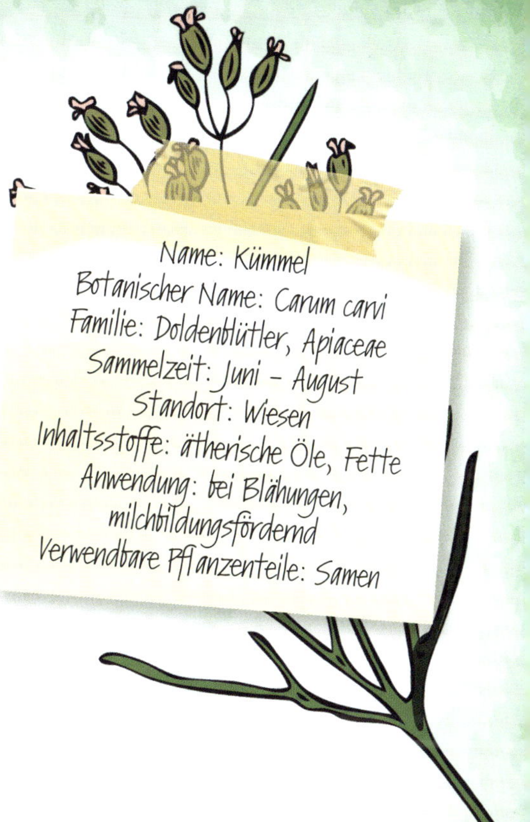

Name: Kümmel
Botanischer Name: Carum carvi
Familie: Doldenblütler, Apiaceae
Sammelzeit: Juni – August
Standort: Wiesen
Inhaltsstoffe: ätherische Öle, Fette
Anwendung: bei Blähungen, milchbildungsfördernd
Verwendbare Pflanzenteile: Samen

Mich erinnert der *Ritter der Schwerter* an einen Hitzkopf, der mit dem Kopf durch die Wand möchte. Er prescht mit seinem Pferd voran und überlegt gar nicht, er ist forsch und unaufhaltsam wie ein Gedanke, der schnell auftaucht und unbedingt zu Ende geführt werden möchte. Doch dadurch verkrampfen wir uns auch, wir geben uns keine Luft zum Atmen, weil wir so in unserem Fight oder Flight Modus vertieft sind.

Daher habe ich den Kümmel für den *Ritter der Schwerter* ausgewählt. Wenn du dich wie er fühlst, du unaufhaltsam bist und alles unter Anspannung gerät, ist es gut, wenn du dir mit dem Kümmel ein wenig Luft verschaffen kannst. Ich bekomme häufig durch verkrampfte Gedanken Bauchschmerzen, und dann bereite ich mir einen frischen, blähungstreibenden Tee zu, mit Kümmel, Fenchel und Anis. Der Kümmel hat durch seine ätherischen Öle die Eigenschaft, Verkrampfungen zu lösen, und leichte Bauchschmerzen bekommt man damit auch gut in den Griff. Probiere es aus, wenn du in die Energie unseres Ritters kommst. Der Tee ist auch zum Entspannen gut, aber auch, um die Luft rauszulassen, die sich eventuell in dir angesammelt hat.

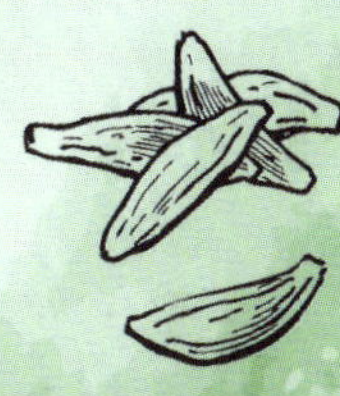

Dein Green Magic Ritual:

Teezeit mit Kümmel

Wusstest du, dass du Kümmel, Anis und Fenchel immer als Ganzes kaufen solltest? Wenn du dir einen Tee zubereiten möchtest, kannst du die Kräuter ganz frisch anstoßen (zerkleinern), zum Beispiel mit einem Mörser, und so hast du die volle Kraft der ätherischen Öle. Wenn du sie in Teebeutel geschrotet kaufst, dann verlieren sie sehr schnell ihre ätherischen Öle, da sie leicht flüchtig sind. Es ist außerdem wunderschön beruhigend, wenn du dir Zeit für deinen Tee nimmst. Du kannst natürlich, wenn du keinen Kümmel magst/verträgst, dir auch einen anderen Tee behutsam aufbrühen. Für eine Teezeit brauchst du Ruhe und Zeit für dich, sieh es als Zeremonie für dich selbst an.

Wähle dir einen Tee aus, der dir gerade zusagt, mische deinen Tee mit frischen/getrockneten Kräutern. Ein guter Tee besteht aus einer sogenannten Leitdroge, Hauptdroge und Adjuvantien oder auch Korrigenzien genannt. Es gibt Wurzeln, Blätter, Blüten, Samen oder das ganze Kraut als Teedroge, was bei der Zubereitung beachtet werden sollte.

Die Wurzeln dürfen fein geschnitten, Blätter und Blüten zerbröselt und die Samen vor dem Verwenden angestoßen werden. Aber bitte sammle nicht irgendwelche Pflanzen, sondern sei dir stets sicher, dass die Pflanzen verzehrbar sind, oder kaufe entsprechende in der Apotheke oder im Naturkostladen/Reformhaus. Bitte beachte auch immer die jeweilige Zubereitung.

Ich hoffe, du verstehst den Zauber einer Teezeremonie, kaufst ungeschnittenen Tee (mit hoher Qualität in der Apotheke/Reformhaus) oder sammelst ihn eventuell sogar selbst? Viele der Teedrogen können wir bei uns auf dem Balkon, Garten oder sogar auf der Fensterbank großziehen. Es ist ein toller Prozess.

Die Königin der Schwerter und das Eisenkraut

Verbene officinalis

Klugheit, Wachsamkeit, Ideenreichtum, hohe Auffassungsgabe

Astrologische Zuordnung: Wasser der Luft

Die *Königin der Schwerter* ist für mich eine alte Frau, die mit ihrem wachen Verstand lösungsorientiert arbeitet. Sie hat viel gesehen und viel Leid gehört oder auch selbst erfahren und kann dadurch gute Ratschläge erteilen. Oftmals kann sie hart wirken, sie verfällt nicht in ihre Gefühle, ihre Worte sind klar und klug gewählt. Sie zeigt dir einen Weg, die Fesseln deines Verstandes zu lösen und Klarheit zu schaffen.

Die Heilpflanze: das Eisenkraut

Viele von euch kennen das Eisenkraut sicherlich von Vampire diaries, in der Serie wird dieses Kraut zum Schutz vor Manipulationen der Vampire verwendet. Das Eisenkraut ist wirklich ein magisches Kraut und soll gegen Vampire sowie negative Menschen helfen und wurde bei den Druiden häufig in einem Schutzzauber verwendet. Die Blumensprache ist auch: „Du hast mich verhext."

Verbena leitet sich von lat. „verbum" ab, welches so viel wie „Wort" heißt, das fand ich sehr passend zu unserer Königin. Auch die langen Stängel erinnern mich an ihr Schwert, welches hart und robust ist. Die Kelten verräucherten das Eisenkraut, um eine bessere Konzentration, Entscheidungskraft und Klarheit zu bekommen. Das sind alles Attribute, für die die Schwerter-Königin steht.

Dieses Heilkraut wird heutzutage eigentlich nur noch als Tee zum Genuss verwendet, in der traditionellen Medizin kann es gegen hartnäckigen Husten sowie Nasennebenhöhlenentzündungen eingesetzt werden und auch als Kompressen gegen Wunden. So soll die Pflanze auch früher bei Wunden verwendet worden sein, welche mit einem Eisen (Schwert) zugefügt wurden.

Ich finde die Pflanze vor allem für die spirituelle Arbeit sehr wichtig. Es wirkt wie ein Schutzschild um deine Aura. Es ist zum Beispiel immer in meinem Sommerwendensstrauß enthalten.

Name: echtes Eisenkraut, Wunschkraut
Botanischer Name: Verbene officinalis
Familie: Eisenkrautgewächse, Verbenaceae
Sammelzeit: Juli–Oktober
Standort: Schuttflächen, an Zäunen
Inhaltsstoffe: Glykoside, Flavonoide, Kaffeesäurederivate
Anwendung: als Wickel gegen Entzündungen und Geschwüre, Nasennebenhöhlenentzündungen, für bessere Konzentration
Verwendbare Pflanzenteile: oberirdische Pflanzenteile

Dein Green Magic Ritual:

Deine Schwertliste

Wenn wir in das Gefühl der *Königin der Schwerter gehen,* haben wir einen guten rationalen Überblick, was wir von unserem Leben erwarten. Ich finde es wichtig, regelmäßig zu schauen, was mir noch dienlich im Leben ist und was ich erreichen möchte.

Erstelle mit der *Königin der Schwerter* an deiner Seite eine Pro- und Contra-Liste deines Lebens. Mach dir einen Tee, vielleicht sogar für deine klaren Gedanken mit Eisenkraut, und schreibe dir auf, was du gerne aussortieren möchtest aus deinem Leben.

Was gefällt dir an dir selbst nicht und wie kannst du es ändern? Ist die fünfte Netflix-Serie wirklich relevant für dich oder was könntest du stattdessen machen? Und wer tut dir in deinem Leben nicht gut? Ganz objektiv betrachtet!

Eine passende Symbolik zum letzten Punkt: Siehst du die durchgeschnittene Fessel an der Hand der Königin? Sie konnte nur den Thron besteigen, indem sie sie durchgeschnitten hat. Sie musste also frei werden und alles loslassen, was ihr nicht mehr dienlich war, um ihre höchste Stellung einzunehmen.

Der König der Schwerter und die Rosenwurz

Rhodiola rosea

Visionär, Urteilsvermögen, Klarheit, messerscharfer Verstand

Astrologische Zuordnung: Feuer der Luft

Der König der Lüfte, des Verstandes, gepaart mit Weisheit. Ein König, der sein Reich mit sozialer Gerechtigkeit regiert, doch ihm fehlen etwas die Gefühle, weshalb er oftmals hart, verurteilend und kalt wirken kann. Diesen König kann man nicht mit Geld oder anderen Werten bestechen, denn sein Sitz ist weit oben in den Wolken, fernab des fruchtbaren Münzbodens. Hier oben regieren Intellekt, Dominanz und Wissenschaft, er ist weit entfernt von magischen Dingen, mit denen wir uns hier im Buch beschäftigen. Ein Akademiker, ein Physiker, der alles mit seinem Verstand erklären kann. Sein Blick, direkt gerade auf uns zu gerichtet, fordert uns auf, das Richtige zu tun.

Was ist für dich das Richtige? Was müsste sich auf der Welt deiner Meinung nach ändern, damit sie gerecht ist? Kannst du diese zwei Fragen mit der Objektivität des Königs der Schwerter beantworten?

Die Heilpflanze: die Rosenwurz

Der *König der Schwerter* steht für ein starkes Mindset, er hat sein Schwert fest in der Hand und weiß, was er denkt, wie es ankommt, wenn er etwas sagt, und wie er zu seinen Gefolgsleuten reden muss. Die Rosenwurz, die ich euch vorstellen möchte, hat phytotherapeutisch genau den gleichen Effekt. Studien haben ergeben, dass die im europäischen Gebirge wachsende Pflanze bewirkt, dass weniger Stresshormone wie Cortisol ausgeschüttet werden. Sie hat zusätzlich eine stimmungsaufhellende und ausgleichende Wirkung, was auf die Inhaltsstoffe Rosacin, Phenylethanderivate und einige Flavonoide zurückzuführen ist. Bei dieser Pflanze werden nur die Wurzeln verwendet und zu Kapseln/Tabletten verarbeitet.

Der *König der Schwerter* ist durch seinen starken Intellekt sehr widerstandsfähig, seine Heilpflanze, die Rosenwurz, ist es ebenfalls, sie kann Kälte genauso gut vertragen wie Wassermangel. Sie fördert dein starkes Mindset und kann dich in schweren Zeiten sehr gut unterstützen. Also kein Wunder, dass die Wikinger wohl diese Pflanze zur Stärkung genutzt haben.

Name: Rosenwurz, goldene Wurzel
Botanischer Name: Rhodiola rosea
Familie: Dickblattgewächse, Crassulaceae
Sammelzeit: Im Herbst, bitte direkt aus dem eigenen Garten, da sie in Deutschland nicht wild gesammelt werden darf!
Standort: Aufgrund der Pfahlwurzel braucht sie viel Platz nach unten und lockeren Boden
Inhaltsstoffe: Glykoside, Flavonoide, ätherische Öle
Anwendung: In der Phytotherapie für eine ausgleichende und harmonisierende Wirkung und besseres Langzeitgedächtnis
Verwendbare Pflanzenteile: Wurzel

Dein Green Magic Ritual:

Affirmationen

Durftest du schonmal die Kraft von positiven Affirmationen erleben? Sie sind für mich eine mentale Stütze, wenn meine emotionale Seite versucht, mich regelrecht zu überschwemmen. Sie reißen mich aus meinen schwimmenden Gefühlen und geben mir Kraft, mein Ziel vor meinen Augen zu sehen. Sie sind meine Schwerter für den Kampf im Leben und auch manchmal gegen meine eigene Selbstsabotage.

Koche dir einen Tee mit den Wurzeln und Blüten der Rosenwurz auf, lasse diesen 10 Minuten ziehen und entferne dann die Pflanzenteile, dieser ausgleichende Tee wird deinen Affirmationen eine magische Stärke schenken.

Schreibe dir auf ein Blatt Papier deine stärkenden Affirmationen auf und suche dir zwei aus. Die erste klebst du auf einen Zettel an deine Haustür und die andere an deinen Spiegel, in den du jeden Morgen schaust. Jeden Morgen, wenn du aufstehst oder dein Haus verlässt, darfst du deine Affirmationen lesen und sie laut zu dir sagen, sodass sie auch dein Unterbewusstsein erreichen. Du kannst jederzeit deine Affirmationen wechseln und durch neue ersetzen.

Hier ein paar Beispiele für dich zur Inspiration:

- Ich werde mit allen meinen Facetten geliebt.
- Ich entscheide, welche Gefühle ich in mein Leben einlade.
- Ich bin in der Lage, den Herausforderungen des Lebens mit Zuversicht zu begegnen.
- Ich bin dankbar für …
- Ich werde vom Universum unterstützt.
- Ich bin stolz und voller Selbstvertrauen.
- Ich ziehe Menschen in mein Leben, die mich sehen und inspirieren.

Wenn du eher der auditive Typ bist, spreche dir deine Affirmationen auf dein Handy und höre sie dir auch von unterwegs an.

Die Münzen und der Pilz

Fungi

Ich persönlich liebe die Münzenergie! Hier geht es für mich nicht vermehrt um Geld oder Materialismus, was bei den Münzen auch wichtige Punkte sind, sondern um die eigenen Werte. Und wie wir uns selbst, aber auch andere behandeln. Die Energie der Münzen ist tiefe Erde, Fruchtbarkeit, Wachstum, Ernte und Tiefe.

Im Alltag verkennen wir diese Energie zu oft, da wir die Münzen oft mit Luft (Energien der Schwerter) oder Feuer (Energien der Stäbe) kombinieren. Wir wollen etwas erreichen, schnell viel Geld verdienen, höher und weiter! Die langsame und stetige Energie, die uns die Münzen vermitteln wollen, macht uns eher Angst. *Doch wovor haben wir Angst? Dass wir nicht schnell reich werden? Wir nicht schnell genug das erreichen, was wir erreichen wollen? Hat uns die Reise der Stäbe und der Schwerter nicht gezeigt, dass dieser Weg auch schwierig sein kann und dass man auch langsam sein darf und dennoch Erfolg haben kann?* Schauen wir uns die Reise der Münzen an, beginnend mit der wertvollen Möglichkeit, dem Abwägen, Zusammenarbeiten bis hin zum Erfolg und sogar Überfluss. Bei diesem Weg ist keine Überforderung vorhanden.

Ich liebe das zyklische Leben, das bedeutet auch, das zu essen, was gerade Saison hat, im Frühling die Samen zu säen, im Sommer zu schauen, wie sie wachsen, und im Herbst meine Ernte einzufahren. Im Winter ist dann die Zeit der Ruhe und Reflexion.

Die Heilpflanze: der Pilz

Durch meine Arbeit in der Apotheke wird das zyklische Leben natürlich immer mal wieder durchbrochen, aber in meiner Freizeit kann ich es zum Glück so gestalten, wie ich es möchte. *Wie lebst du dein Leben, auf welchem Energielevel? Immer volle Pulle oder versuchst du auch, zyklisch zu leben?*

Pilze bilden ein eigenes Reich. Sie gehören nicht zu den Pflanzen, denn sie haben keine Fähigkeit, Photosynthese zu betreiben. Warum habe ich dennoch Pilze in unser Tarotherbarium mitgenommen? Weil sie ein wichtiges Bindeglied für unser Ökosystem sind, sie transportieren Nährstoffe, Mineralstoffe und Wasser für Bäume und weitere Pflanzen und erhalten dafür im Gegenzug Kohlenhydrate aus der Photosynthese. Sie sind auf unserem gesamten Körper (Dermatophyten) verteilt und halten zum Beispiel unsere Hautbarriere in Balance mithilfe von Bakterien. Pilze können aber nicht nur menschliches Leben retten, sondern auch zerstören, ein Zerstörer ist zum Beispiel der Knollenblätterpilz. Er ist sehr giftig und kann beim Verzehr zu Leberversagen führen.

Name: Pilz
Botanischer Name: Fungi
Familie: Eukaryoten, Eukaryota
Sammelzeit: Herbst
Standort: halbschattige feuchte Böden, Nähe zu Bäumen
Inhaltsstoffe: je nach Pilz: Lektine, Alkaloide, Polysaccharide, Steroide
Anwendung: bei Entzündungen, Durchfall (Saccharamyces boulardii), Immunstimulanzien, Lipidsenker, gegen Diabetes, als Antibiotikum, einige werden gegen Krebs eingesetzt und sollen antitumoral wirken, Lebensmittel
Verwendbare Pflanzenteile: der ganze Pilz (wir essen aber nur den Fruchtkörper), die Myzelen sind viel tiefer im Boden.

Pilze sind außerdem die Müllabfuhr des Waldes und ohne sie würden tote Tiere oder abgestorbene Bäume den Wald belasten. Indem sie die tote Materie zersetzen wie zum Beispiel Blätter, stellen sie Mineralstoffe wie Magnesium und Kalium für Pflanzen bereit und sind somit ein wichtiger Bestandteil unseres Ökosystems.

Außerdem sind sie im Bereich der Pharmazie nicht mehr wegzudenken. Eine der bedeutendsten Entdeckungen war das Penicillin, das unzählige Leben gerettet hat. Aber nicht nur dieser Schimmelpilz, sondern auch ein medizinischer Hefepilz (*Saccharamyces boulardii*) kann erfolgreich gegen Durchfall eingesetzt werden. Es gibt auch

psychoaktive Pilze, an denen geforscht wird, um sie gegen Depressionen einsetzen zu können. Und mit dem Hefepilz können wir nicht nur lecker backen, sondern auch aus Hopfen Bier machen.

Wie du siehst, wollte ich für unsere Münzen etwas auswählen, was tief mit der Erde verbunden ist und hervorragend mit der Münzenergie korrespondiert. Wusstest du, dass viele Pilzarten in sogenannten „Hexenringen" wachsen? Ein alter Aberglaube besagt, dass diese Ringe Treffpunkte für Hexen kennzeichnen.

Dein Green Magic Ritual:

Mit Pilzen stempeln

An einem schönen herbstlichen Tag wird dich der Wald dazu einladen, Pilze zu sammeln, um damit wunderschöne Karten zu stempeln. Lege die Pilze einfach mit der Unterseite aufs Blatt Papier und lasse sie darauf mehrere Minuten liegen, dann bekommst du einen wunderschönen Stempel. Natürlich kannst du nachhelfen und deinen Schwamm auf ein Stempelkissen drücken und dann deine Karten sogar mit verschiedenen Farben verzieren. Schreibe auf die Rückseite deiner einzigartigen Karten eine liebe Notiz für einen Herzensmenschen und schicke diese mit der Post. Wenn gerade keine Pilzsaison ist: Karten zu stempeln, geht auch wunderbar mit Blüten, Blumen oder Kartoffeln.

Lass deiner Kreativität freien Lauf!

DU BRAUCHST:

- selbstgeschnittene Karten aus Tonpapier
- einen Pilz mit einem großen Durchmesser
- optional ein Stempelkissen

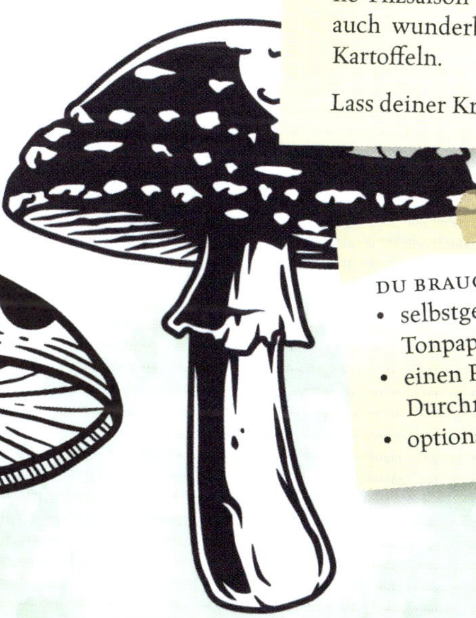

Der Page der Münzen und die Vogelbeere

Sorbus aucuparia

Erdung, Faszination, Eifer, Chance

Astrologische Zuordnung: Erde der Erde

Die Energie des *Pagen der Münzen* kenne ich nur zu gut! Diese Faszination und den Eifer, alles zu lernen, hatte ich beim Sammeln meines Herbariums auch. Ich kam aus dem Staunen nicht mehr heraus, welche Pflanzen gegen welche Leiden helfen können, zum Beispiel, dass Kopfschmerzmittel aus dem Mädesüß und der Weide gewonnen wurden und dass das Colchicum der Herbstzeitlosen gegen akute Gichtanfälle verwendet werden kann. Wir können so vieles aus der Natur für uns mitnehmen und umsetzen. Das beginnt schon beim Einkaufen im Supermarkt: Wenn wir wissen, was wirklich gerade Saison hat und was bei uns wächst, können wir einen großen Beitrag dazu leisten, weniger CO_2 zu produzieren. Achte auf regionale und saisonale Produkte, zum Beispiel Äpfel aus dem Alten Land, anstatt aus Neuseeland. Oder kaufe doch auch mal auf einem Markt/Hofladen ein.

Dieses Abschweifen vom Thema trägt der *Page der Münzen* übrigens auch in sich, er ist so von seiner Münze fasziniert, dass er alles um sich herum vergisst. Er hält die Münze wie einen Schatz in seinen Händen und hat nur Augen für sie.

Die Heilpflanze: die Vogelbeere

Name: Vogelbeere, Eberesche
Botanischer Name: Sorbus aucuparia
Familie: Rosengewächse, Rosaceae
Sammelzeit: Beeren: September–Dezember
Standort: sandig lehmiger Boden
Inhaltsstoffe: Gerbstoffe, Vitamin C, Pektin
Anwendung: spirituelle Verwendung oder als Lebensmittel
Verwendbare Pflanzenteile: Beeren

Wusstest du, dass die Eberesche (Vogelbeere) und die Esche nicht verwandt sind? Die Eberesche gehört zu den Rosengewächsen, während die gemeine Esche (in vielen nordischen Überlieferungen auch der mythologische Weltenbaum) zu den Ölbaumgewächsen zählt.

Wenn man sich die Unterseite der Frucht anschaut, sieht man ein kleines Pentagramm, genau das gleiche, das der Page auf seiner Münze trägt. Das Pentagramm steht für Schutz und ist ein altes, magisches Symbol. Die Frucht der Eberesche ist eine magische Beere, die nicht, wie man oft gemeinhin glaubt, giftig ist. Sie wird dem Sohn Odins, Thor, geweiht und soll uns bei unseren Zielen unterstützen.

Kleinere Mengen (2-3 Beeren pro Tag) dieser Vitamin C-Bomben können von uns Menschen roh gut verdaut werden, aber nicht zu viel, denn die Parascorbinsäure kann ein wenig auf den Magen schlagen. In einem Sirup, Likör, Marmelade oder Chutney sind die Vogelbeeren aber sehr lecker. Ich habe dir einen Zauber geschrieben für deine Finanzen, denn auch dafür sind die Vogelbeeren bekannt. Wie du siehst, die Vogelbeere passt hervorragend zu dem Pagen, der genau seine Werte und sein Vorgehen in Bezug auf seine Finanzen kennt.

DU BRAUCHST:

- die Rinde einer Eberesche
- 7 Vogelbeeren (die Zahl 7 symbolisiert den Zuwachs hier)
- einen Pyrit
- eine durchgefärbte grüne Kerze
- eine Münze
- Papier oder, wenn du magst, Ritualpapier (gibt es in gut sortierten Hexenstores)
- eine feuerfeste Schale für die Asche

Dein Green Magic Ritual:

Geldzauber

In der Grünen Magie sagt man, dass man die Rinde des Vogelbeerbaums verwenden kann, um finanziellen Zugewinn zu erlangen. Dafür legst du ein wenig Rinde und 7 Vogelbeeren in die Nähe deines Portemonnaies oder Sparschweins sowie einen Pyrit, der aussieht wie ein kleiner Goldbrocken. Schreibe dir auf einen Zettel oder, noch schöner, auf grünem Ritualpapier, wofür du das Geld benötigst, welche Summe du dir wünschst und wann das Wachstum eintreten darf. Verbrenne den Zettel mit deiner Ritualkerze und bleibe mit deiner Aufmerksamkeit bei dem Geldzauber, stelle dir vor, wie du das Geld bekommst und wie du dich dabei fühlen wirst. Wichtig ist, dass du die Ritualkerze komplett herunterbrennen lässt und in dieser Zeit das Ritual nicht unterbrichst.

Die Asche darfst du dann der Natur zurückgeben, blase sie in den Wind oder vergrabe sie in der Erde. Die Rinde und die Vogelbeeren lässt du noch einen Mondzyklus lang bei deinem Portemonnaie/Sparschwein und auch dann gibst du diese der Natur zurück. In zunehmenden Mondzyklen und freitags sind Geldzauber am wirkungsvollsten.

Bitte achtet darauf, immer genügend Vogelbeeren für die Vögel am Baum zu lassen und nur so viele zu nehmen, wie du wirklich verwenden möchtest.

Der Ritter der Münzen und der Löwenzahn

Taraxacum officinale

Arbeit, Planung,
Beständigkeit, Erdung

Astrologische Zuordnung:
Luft der Erde

Der *Ritter der Münzen* ist der langsamste Ritter von allen, sein Pferd steht, während er über seine Münze schaut, sein Ziel fest im Visier. Er lässt sich nicht aus der Bahn bringen und seine Gedanken richten sich pragmatisch auf das Erreichen seines Ziels. Ihm fehlt ein wenig die Leidenschaft, daher habe ich ein Ritual geschrieben, welches der Münzenergie zugutekommt, aber dir Süße in dein Leben bringen kann. Vielleicht probierst du es aus, wenn du diese Karte ziehst?

Die Heilpflanze: der Löwenzahn

Name: Löwenzahn, Pusteblume
Botanischer Name: Taraxacum officinale
Familie: Korbblütler, Asteraceae
Sammelzeit: fast ganzjährig
Standort: überall
Inhaltsstoffe: Inulin, Triterpene, Flavonoide, Bitterstoffe
Anwendung: bei Völlegefühl, Blähungen, Verdauungsstörungen, Störung der Galle, Stoffwechselstörung
Verwendbare Pflanzenteile: alles

Unser *Ritter der Münzen* ist ein langsamer und ausdauernder Ritter, schau mal, wie locker er die Zügel seines Pferdes hält! Genauso ist unsere Heilpflanze der Löwenzahn, selbst bei einer steinigen Landschaft kommt er mit viel Geduld und Standhaftigkeit durch. Er hat die Kraft, mit der Zeit sogar Asphalt zu sprengen, er kann überall wachsen. Der Löwenzahn zeigt uns genauso wie unser Ritter, dass man mit Zeit, Willen und Ruhe alles schaffen kann.

Durch seine leberschützende Wirkung wird Löwenzahn gerne in der Phytotherapie verwendet. Er enthält viele Bitterstoffe, die wir uns in Oxymel, Tee oder einfach im Salat zu Nutze machen können. Bitterstoffe haben eine tolle Wirkung auf unser Verdauungssystem, es werden Magensäfte angeregt, unser Darmaktivität wird gesteigert und unser Gallensaft darf fließen.

Wer häufiger Bitterstoffe in seinen Alltag integriert, hat auch weniger Lust auf Süßes, was doch ein toller Effekt ist. Außerdem enthält diese Pflanze Inulin (Ballaststoffe), das für unsere Darmbakterien wichtig ist. Der gesamte Löwenzahn kann verwendet werden, die Wurzeln kannst du auch sehr gut in unseren Narrenkaffee (Wegwarten-Kaffee) hineingeben, für noch mehr Erdung. Die gelben Blüten sind bei mir gerne kleine Snacks zwischendurch, und ich liebe es, wenn sich die Blüte des Löwenzahns in die puschelige Pusteblume verwandelt und ich meine Wünsche durchs Wegpusten der Samen ins Universum schicken darf.

Ein kleiner magischer Trick: Hast du schonmal eine Pusteblume genommen und ihr Köpfchen ins Wasser getaucht? Kinderaugen entzückt das immer und meine Freund*innen lässt es staunen, denn die Pusteblume wird nicht nass. Natürlich könnte ich das physikalisch erklären, aber wollen wir nicht mal an die Magie dahinter glauben?

DU BRAUCHST:

- Mulltuch/Leintuch
- 1 Liter Wasser
- 1 kg Zucker (ich nehme gerne braunen Zucker)
- 1 Bio-Zitrone
- Löwenzahnblüten ca. 250 Gramm (beste Sammelzeit: April-Juni)

Dein Green Magic Ritual:

Veganer Honig

Für unseren Löwenzahnhonig brauchst du nur die gelben Blütenblätter des Löwenzahns. Entferne die grünen Blütenkelche mit einem Messer, lege die gelben Blüten in einen Topf und übergieße sie mit einem Liter Wasser, lege deine in Scheiben geschnittene Zitrone dazu und lasse dein Gemisch 10 min. köcheln.

Nach dem Köcheln deckst du den Topf für 24 Stunden mit einem Geschirrtuch ab. Nach den 24 Stunden darfst du deine Löwenzahnmasse durch ein Mulltuch, Nussbeutel oder Ähnliches sieben und ausdrücken.

Koche den gewonnenen Saft nun mit einem Kilo Zucker sirupartig ein. Bitte bleibe bei diesem Prozess die ganze Zeit dabei und rühre immer wieder deinen Sirup um, damit er nicht festbackt. Bei diesem Rezept ist mir die Ruhe und Geduld des Ritters der Münzen wichtig, denn der Prozess dauert eine Weile, 1-2 Stunden darf man sich dafür schon Zeit nehmen, aber das Resultat ist superlecker!

Ob der Honigersatz fertig ist, merkst du, wenn du einen Löffel aus dem Topf herausnimmst und ihn auf eine Untertasse legst: Zieht er beim Abkühlen Fäden wie normaler Honig, darf er heiß in sterilisierte Gläser abgefüllt werden. Er ist ca. ein Jahr haltbar.

Die Königin der Münzen und die Kamille

Matricaria chamomilla

Naturverbundenheit, Großzügigkeit, Reichtum, liebevolles Handeln

Astrologische Zuordnung: Wasser der Erde

Kennst du das Lied der bezaubernden Künstlerin Aurora: „Into the Garden"? Nicht nur, dass der Name bei mir meine Magie anregt, auch das Lied lässt mich, wenn ich die Augen schließe, den Geruch meines Gartens erfahren. Selbst dann, wenn ich in einer überfüllten Fähre sitze. Das Lied symbolisiert für mich die *Königin der Münzen*. Eine Königin in ihrem Garten, voller Reichtum und Fülle. Sie hält die Magie der Natur und die Stärke in Form einer Münze in ihren zwei Händen. Schau, mit welcher Liebe sie diese Münze anschaut!

Sie wird auch oft mit der Karte *Der Magier* in Verbindung gebracht, doch der Unterschied besteht darin, dass sie das Göttliche, die Kraft und ihre Intention ganz bei sich trägt und nicht als Download von oben erfährt.

In welchen Momenten des Lebens fühlst du die Kraft der Natur? Ihre Liebe und Hingabe? Was bedeutet für dich Fruchtbarkeit und wo wächst du hin? Diese Fragen stellt dir die *Königin der Münzen*.

Meine Aufforderung für dich, wenn du diese Karte ziehst: Geh raus! Mit nackten Füßen, grabe deine Zehen in die Erde und spüre die Fülle und die Verbundenheit der Erde. Und pflücke dir einen schönen Blumenstrauß!

Die Heilpflanze: die Kamille

Im Winter können es wunderschöne Zweige voll mit rot leuchtenden Beeren sein. Die Natur hat zu jeder Jahreszeit etwas zu bieten.

Wusstest du, dass die *Königin der Münzen* auch als kleine Schwester der *Herrscherin* angesehen wird?

Kamille gehört zu den Kräutern, die man häufig mit mütterlichen Anteilen verbindet. Sie tröstet dich bei Zahnweh, Bauchweh und kleineren Wunden. Der Name Matricaria ist abgeleitet von lat. matre, das „Mutter" bedeutet. Diese Beschreibung trifft auch genau auf unsere *Königin der Münzen* zu. Ihr betörender Duft ist aus meinem Garten nicht wegzudenken.

Es gibt von der Kamille viele verschiedene Arten und um sicher zu gehen, dass man nicht die ähnlich aussehende Hundskamille (Anthemis arvensis) erwischt, kann man das Blütenköpfchen einmal aufzwicken. Ist es hohl, kann man sich sicher sein, hier die echte Kamille zu haben, ist das Blütenköpfchen gefüllt, ist es höchst wahrscheinlich die Hundskamille. Die Hundskamille hat im Gegensatz zu der echten Kamille eine viel geringere Heilwirkung.

Ich selbst mag auch die strahlenlose Kamille, da sie einen leichten Geschmack nach Ananas aufweist. Nur die echte Kamille hat einen hohen Anteil an Azulen und somit die stärksten entzündungshemmenden Eigenschaften. Ich hoffe, du findest diese Pflanze genauso passend für unsere Erdenmutter wie ich.

Name: die echte Kamille
Botanischer Name: Matricaria chamomilla
Familie: Korbblütler, Asteraceae
Sammelzeit: Juni–September
Standort: sonnige und warme Plätze, häufig auf Äckern
Inhaltsstoffe: Kamillenöl (Azulen Chamazulen), Polysaccharide, Flavonoide, ätherisches Öl, Cumarine
Anwendung: bei Entzündungen, Erkältungen, Hämorrhoiden, Magen- und Darmbeschwerden, Getränke und Kosmetika
Verwendbare Pflanzenteile: Blütenköpfe

Dein Green Magic Ritual:

Färben mit der Mutter der Erde

Hierfür benötigen wir nicht die Echte Kamille mit ihrer tollen Heilwirkung, sondern die sogenannte „Färberkamille“ (*Anthemis tinctoria*) mit ihren leuchtend gelben Zungenblüten.

Sie sieht genauso aus wie die echte Kamille, nur in ganz gelb. Sie ist überall in Deutschland zu finden und darf gesammelt werden. Im Internet findet ihr aber auch Möglichkeiten, sie zu kaufen.

Für 100 Gramm Textil brauchst du 50 Gramm frische/getrocknete Färberkamillenblüten, lasse sie in 5 Liter Wasser 30 min. köcheln. Lasse die Flüssigkeit dann 24 Stunden stehen und seihe am nächsten Tag das Pflanzengut ab.

Lege dein Textil, das du färben möchtest, in den Sud ein, es sollte komplett mit dem Sud bedeckt sein, sonst lasse noch ein wenig Wasser hineinfließen. Erwärme es für eine Stunde auf ca. 70 Grad und rühre immer wieder um. Lasse es wieder für einen Tag stehen und am nächsten Tag kannst du dein Ergebnis bewundern.

Diesen Prozess kannst du mit ganz vielen verschiedenen Pflanzen machen, zum Beispiel mit Malven, Brennnesseln, Avocadokernen und Schalen oder schwarzen Johannisbeeren. Damit die Farben in das Textil eindringen können, muss man meistens die Kleidung vorher beizen (siehe rechts). Ich bin so gespannt auf deine Ergebnisse und freue mich, wenn du sie mit mir teilst!

Dieser langsame Prozess des Färbens lässt dich auf eine mütterliche Art und Weise zur Ruhe kommen. Es gibt noch viele tolle verschiedene Arten, mit Pflanzen zu färben, probiere dich gerne aus.

Beizen:

Da die natürlichen Farben wasserlöslich sind und nicht permanent an den Fasern haften würden, sollte man die Kleidung vorher beizen. Bei einigen Pflanzenfarben, zum Beispiel aus Avocado oder Walnüsse gewonnen, ist das nicht nötig.

Hierfür nimmst du einen großen Topf zur Herstellung der Alaun.

150 g Alaun, Kaliumaluminiumsulfat (in der Apotheke erhältlich), in 1 Liter kaltes Wasser auflösen und dann 20 Liter warmes Wasser hinzugeben.

Achtung: Schutzbrille und Handschuhe tragen!

Weiche ein Kilogramm Textil in Wasser ein und lasse es dann für einen Tag in der Lauge liegen. Erwärme am nächsten Tag eine Stunde lang auf max. 40 Grad die Lauge mit den Textilien. Abkühlen lassen und ordentlich ausspülen.

Wenn du weniger Textil benötigst, rechne dir die kleinere Menge der Zutaten einfach aus.

Der König der Münzen und der Kürbis

Cucurbita

Bodenständigkeit, Zuverlässigkeit, Vermögen, Zufriedenheit, Männlichkeit

Astrologische Zuordnung:
Feuer der Erde

Hier endet unser Buch, beim *König der Münzen*, dem Mann, der auf fruchtbarer Erde thront und voller Zufriedenheit strotzt. Dieses Buch ist voller Fülle, Reichtum und Liebe zur Natur geschrieben, die Rituale beinhalten Rezepte für mehr Fülle im Leben und Zeremonien, die tiefe Wurzeln in dir schlagen dürfen.

Der *König der Münzen* ist für mich Männlichkeit pur, er kennt seine Werte und schätzt diese auch bei seinem Gegenüber, er ist nicht nur reich im Außen, sondern auch im Inneren und weiß, was es heißt, ein gerechter sowie fürsorglicher König zu sein. Um auch seine Schatten-Themen wie Überheblichkeit und Status zu bearbeiten, geht er in die Natur, um sich wieder mit dem zu verbinden, was für ihn wirklich wichtig ist.

Ich freue mich, wenn er das Ritual, das ich für dich geschrieben habe, zu Ende führt. Es ist eins, das die Fülle, den Reichtum und die Fürsorge eines Münzkönigs benötigt.

Die Heilpflanze: der Kürbis

Name: Kürbis
Botanischer Name: Cucurbita
Familie: Kürbisgewächse, Cucurbitaceae
Sammelzeit: im Herbst
Standort: nährstoffreicher, sonniger Boden, am besten bei einem Kompost
Inhaltsstoffe: fettes Öl, Phytosterole, Tocopherol
Anwendung: Pharmazeutisch: gegen benigne Prostatahyperplasie (eine gutartige Vergrößerung der Prostata) und Reizblase. Als leckere Suppe und Samhain-Erntegeschenk. Auch in der Kosmetik beliebt.
Verwendbare Pflanzenteile: Samen und Fruchtfleisch

Der *König der Münzen* und sein Thron erinnern mich an einen Kürbis, diese Pflanze hat wunderschöne Ranken und kann sehr schnell ein Feld, Garten oder den Balkon für sich einnehmen. Ich sehe vor meinem inneren Auge den wunderschönen orangenfarbenen Hokkaidokürbis, mit seiner harten Schale und unglaublich leckerem Fruchtfleisch.

Was mich hier den *König der Münzen* erkennen lässt, sind die vielen Samen in seiner Mitte, die für seine Münzen stehen. Dieser Kürbis kann sich sehr gut weitervermehren und uns in der Herbst- sowie Winterzeit wärmen und nähren. Der Kürbis ist kein Gemüse, sondern die größte Beerenfrucht, eine sogenannte Panzerbeere. Forschungen zeigen, dass speziell gezüchtete Kürbissamen in der Phytotherapie hilfreich bei einer Reizblase sowie Blasenschwäche helfen.

Der *König der Münzen* steht für Wohlstand und Genuss. Einen großen Kürbis in der Erntesaison in seinen eigenen Händen zu halten und diesen mit Kartoffeln, Wurzeln und Kalmus (deutscher Ingwer) verfeinern zu dürfen, ist mein größter Genuss und zeigt mir, in welchem Wohlstand ich leben darf!

Dein Green Magic Ritual:

Deinen eigenen Kürbis anbauen

Einige Kürbisarten gedeihen eher auf geschütztem Freiland wie der große Hokkaido, aber einen Butterkürbis kann man auch sehr gut auf dem Balkon in einem großen Topf großziehen. Er gedeiht sehr gut in der Nähe eines Komposthaufens, da er viele Nährstoffe und Wasser benötigt.

Am schönsten ist es, dass du die Samen des Kürbisses nach den Eisheiligen in deine Erde bringen kannst und sie zu dem Hexenfest Samhain zu einem wundervollen Kürbis geworden sind. Dann ist die Zeit gekommen, um Kürbisse zu schnitzen, das Fruchtfleisch in leckeren Suppen zu verwenden und an Samhain, wenn die Schwelle zu der Anderswelt sehr dünn ist, mit deinen Vorfahren zu feiern.

Bei diesem *Green Magic Ritual* geht es mir weniger um den Kürbis an sich, sondern mehr darum, dass du dir ein Gemüse suchst, das dich anspricht und das du anbauen möchtet. Du wirst dafür genauso Geduld aufbringen wie der König der Münzen, denn er weiß, dass Fruchtbarkeit und Wohlstand seine Zeit benötigt. Hingabe und Pflege sind hier zwei wichtige Voraussetzungen, und glaube mir, selbst wenn du keinen Balkon oder Garten hast, gibt es Pflanzen, die du auch sehr gut in einem Topf auf der Fensterbank großziehen kannst. Es ist ein wunderschöner Prozess, den Samen beim Keimen zuzuschauen und sie dann immer weiter zu bewässern und zu sehen, wie sie wachsen. Manchmal dauert es sehr, sehr lange, bis sie ihre Früchte zeigen. Doch wenn du erntest, wirst du das Gefühl des *Königs der Münzen* gewiss genauso erfahren, wie ich es tue - traue dich!

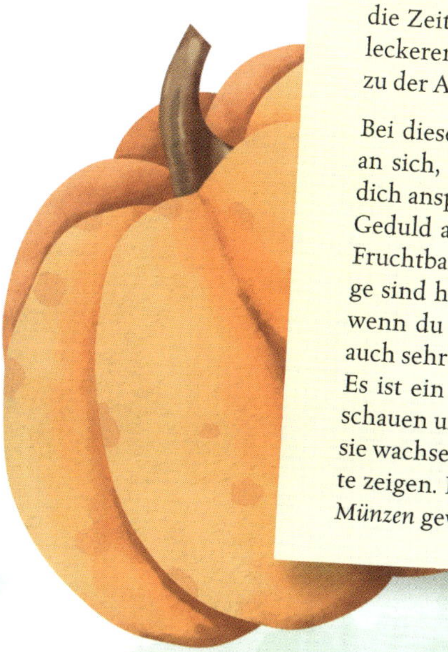

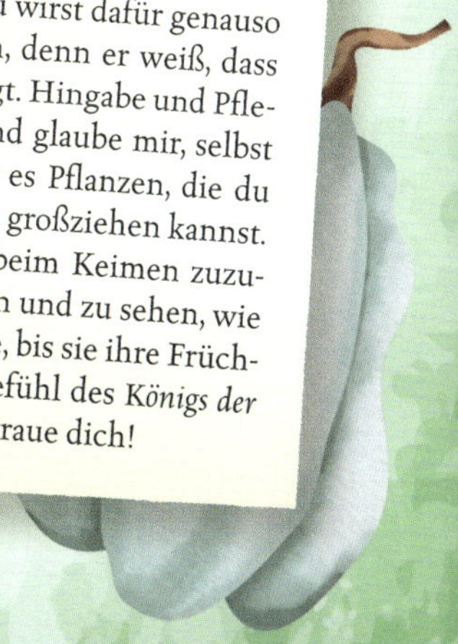

Literaturtipps

Pflanzensymbolik und die Blumensprache:

Cheralyn Darcey: Green Witch Orakel
Kiel 2022 (Königsfurt-Urania Verlag)

Karina Reichl: Fräulein Grüns Wohlfühlkräuterkarten
Krummwisch 2021 (Königsfurt-Urania Verlag)

Clemens Zerling: Lexikon der Pflanzensymbolik
Darmstadt 2013 (Synergia-Verlag)

Hexerei mit Pflanzen und Schamanismus:

Jennie Appel: Urkraft des Mondes
Bielefeld 2022 (Aurum-Verlag)

Daniela Dettling: Die Wildkräuter der vier Jahreszeiten
Österreich, 3. Auflage 2019 (Freya Verlag)

Juliet Diaz: Plant witchery
München, 2. Auflage 2021 (Ansata-Verlag)

Arin Murphy-Hiscock: Grüne Magie
München, 4. Auflage 2021 (mvg Verlag)

Heilpflanzen:

Rudi Beisser: Unsere essbaren Wildpflanzen
Stuttgart 2022 (Kosmos Verlag)

Karin Buchart & Miriam Wiegele: Die Naturapotheke
Elsbethen 2018 (Servus bei Benevento Publishing)

Max Wichtl: Lexikon für Teedrogen, 6. vollständig neu bearbeitete und erweiterte Auflage
Stuttgart 2016 (Wissenschaftliche Verlagsgesellschaft Stuttgart)

Kraut- Wildpflanzen im Alltag
Stuttgart 2022 (Kosmos Verlag)

Kerzenmagie

Hexe Claire: Kerzenmagie, 4. Auflage
München 2011 (Heyne Verlag)

Die Autorin

@Chiara_chamomilla
welcometogaia.com

Chiara Butendeich entdeckte schon früh ihre Liebe zu Heilpflanzen. Heute ist sie Pharmazeutisch-Technische Assistentin, baut eigene Heilpflanzen in ihrem Garten an und gibt Räucher- und Kräuterkurse in der Nähe von Hamburg. Auf Instagram verführt sie Menschen, nach draußen zu gehen und die Möglichkeiten zu entdecken, die unsere heimischen Pflanzen für uns bereithalten. Ihre Vision ist es, den Menschen heimische Kräuter näherzubringen und mit ihnen zyklisch zu leben.

Chiara ist seit der frühesten Kindheit mit der Magie verbunden und hat durch den Tarot e.V. die Liebe zu Tarotkarten entdeckt. Als Tarotcoach versteht sie die Karten als ein magisches Tool zur Selbsterkenntnis. Ihre beiden Leidenschaften zu verbinden – Heilpflanzen und Tarot –, hat sie motiviert, dieses Buch zu schreiben.

Danksagung

Ich bedanke mich beim Tarot e.V., der das Leuchten in mir zu einem großen Feuer entzündet hat, danke für die wundervolle Arbeit, Tarot aus dem Schatten der Wahrsagerei zu rücken. Besonders bei Roe und Bea möchte ich mich für ihren kleinen Schubser bedanken.

Ich danke meinem Seelengefährten Hannes, der mir neben seinem Namen seine unglaubliche Liebe schenkt. Du bist mein Seelenpartner, mein Steinbock, mein Hierophant, mein Gegenpol, derjenige, der mich wieder auf den Boden der Tatsachen zurückbringt, wenn ich wieder hochhinaus fliege. Die Schulter zum Anlehnen, ohne dich und deinen liebevoll zubereiteten Kaffee hätte ich dieses Buch nicht schreiben können.

Ich danke all meinen Freundinnen und Familie für euren Support und vor allem meinen beiden liebsten Freundinnen Mareile und Katharina, die mich in meinem Leben immer unterstützt, immer an mich geglaubt und jedes Mal, wenn die Wolken der Depression aufzogen, mir wieder die Augen für die Magie der Natur geöffnet haben. Danke, liebe Katharina, meine Seelenschwester, für diese wunderschönen Bilder von mir, die mein Buch zieren.

Ein großes Dankeschön geht an den Königsfurt-Urania Verlag, dass ihr mich damals angesprochen habt und mit mir als unbekannte Autorin diesen wundervollen Weg gegangen seid.

Ich danke dir, meine liebe Lektorin Jennifer Lorenzen-Peth, für deine wundervolle Art und deine Flexibilität 😊.

Ich danke allen, die dieses Buch in ihren Händen halten und mich, sei es auf Instagram oder auf anderen Wegen unterstützen und meine Arbeit als Hexe wertschätzen.

Bildnachweis

Gestaltung des Buches unter der Verwendung der Illustrationen von: Salbei © Xavier | Johanniskraut © Xavier | Anthoxanthum odoratum © Morphart | Canada goldenrod © Morphart | Lorbeer Blätter © scusi | vector drawing of ash © lubbas | Camomile with stem © vip2807 | Vintage image apple tree © unorobus | Mint vector drawing set © Maria.Epine | Set of Chamomile (Daisy) flowers © analgin12 | Caraway vector hand drawn illustration set © Maria.Epine | Ink elderberry herbal illustration © awispa | Ink salvia herbal illustration © awispa | Belladonna or deadly nightshade © acrogame | Watercolor illustration of hops vine © Olga Serova | Deadly nightshade © Juulijs | Primula officinalis © farba2014 | Chicory Cichorium Intybus © foxyliam | Garden nasturtium Tropaeolum majus © foxyliam | Hand drawn watercolor botanical illustration of Mugwort © ElenaMedvedeva | Medical plant Rhodiola Rosea © marinavorona | Dandelion spring flowers © arxichtu4ki | Colorful watercolor set of the apple tree branches © Lyubov Tolstova | Culinary herbs collection © Olga Serova | Set of four hand drawn eatable and medicinal plants © foxyliam | dandelion leafs and flowers ©Mateusz | Juniper berries and branches set © dariaustiugova | Pumpkin vector drawing set © Maria.Epine | Garten-Melisse © Frank | Kleinblütige Linde © Frank | Watercolor illustrations of chicory flowers © Aleksandra Smirnova | High detail vintage linded tree vector drawn © Alexandr Bakanov | Bouquet of branches orange Calendula officinalis © arxichtu4ki | Seamless floral vector pattern Artemisia vulgaris © m_e_l | Sketch of rowan branch © aksol | Tender verbascum © Good Studio / stock.adobe.com | Sweet or holy grass Hierochloe odorata © foxyliam | Watercolor rosemary twig illustration © Alex Pictures | Watercolor dandelion blowball illustration © zenina | Juniper branch with berries © farba2014 | Set of watercolor cornflowers © Olga F | Hand drawn watercolor vector botanical illustration of Mullein © ElenaMedvedeva | Set of hand drawn sketch of Lavender flower © zzayko | Sage. Watercolor botanical hand drawn illustration © Katy's Dreams | Sketch Floral Botany Collection © b.illustrations | Sketch Floral Botany Collection. Daisy flower drawings © b.illustrations | Meadowsweet vintage illustration © Morphart | Hand drawn edible mushrooms collection © Marina Gorskayav | set of lavender flowers, bouquet of lavender flowers © Hanna | vector drawing lemon balm flower © cat_arch_angel | Hops and Barley. Malt Beer. Engraved vintage set © artbalitskiy | Wild rose flower set, line art drawing © elta11 | Black elderberry branch with berries and leaves © tanyalmera | Mint leaves. Herbal plant set. Watercolour illustration © Anna | watercolor drawing evening primrose © cat_arch_angel | Red ripe rowan berries branch with green leaves © arxichtu4ki | Common marigold Calendula officinalis © foxyliam | Mint herb with flowers botanical illustration © anitapol | Stinging nettle branch © Kaya Gach | Botanical illustration of a hand-drawn chamomile plant in retro style © paseven | Tutsan plant background © ogurechka | Tropical passion fruit flowers. Hand-drawn Passiflora © LollaDesign | Verbena officinalis herb element organic set © anitapol | Calendula in seamless pattern © Kaya Gach | Mushroom picking of morel. Set of mushrooms © Casoalfonso | Hand drawn rosemary branch © logaryphmic | Branch of Primula veris © Marina Gorskaya | Set of autumn leaves and pumpkins © Krit | Wild goldenrod flower © Good Studio | Watercolor floral composition © Stupina | Bay laurel hand drawn illustration © Maria | Set Mushroom healthy food engraved © morspective | watercolor drawing plant of yarrow, Achillea millefolium © cat_arch_angel | Field flowers, medicinal plant, Blooming shepherd's bag or Capsella bursa pastoris © dariaustiugova | Vector images of medicinal plants © farba2014 | Nettle vector drawing © farba2014 | Yarrow. Vector hand drawn plant © farba2014 | Passionflower © Hanna | Daisy flower hand drawn bouquet collection © cocomomo | Collection of forest plants, flowers, mushrooms and herbs hand-drawn in watercolor © Tonia Tkach | watercolor drawing seamless pattern with branch of ash tree © cat_arch_angel | Hand drawn colorful cumin plant sketch style © sabelskaya | watercolor drawing spring blue flowers of speedwell and ground-ivy © cat_arch_angel | Set of field plants. young green stem with leaves and roots © AkiAna | watercolor drawing plant of lady's mantle, Alchemilla vulgaris ©cat_arch_angel | Watercolor pumpkin autumn ©trihubova | Meadowsweet or Spiraea ulmaria medical herb © dariaustiugova | Angelica forest or woodland. Angelica sylvestris © dneprstock | A black and white botanical ink drawing of Angelica plant © Petra Holikova | Sweet grass braid (Hierochloe odorata) © efoArt | Juniper branch with berries © AkuAku | Pumpkins autumn composition © Cyrografik | Watercolor dog-rose, Briar with berries, flowers and green leaves © Brelena | Vector illustration, Hierochloe odorata © Arif_Vector | Rosehip branch with ripe fruits © Julitt
von Adobe Stock: © stock.adobe.com

Karten-Abbildungen aus dem A.E. Waite Tarot © Königsfurt-Urania Verlag GmbH | Fotos Chiara Butendeich © Katharina Marquardt